ChatGPT 시대 일상의 질문이 놀이로 펼쳐지는

아이 주도 질문 놀이

ChatGPT 시대 일상의 질문이 놀이로 펼쳐지는
아이 주도 질문 놀이

초판 1쇄 발행 2025년 9월 10일

지은이	이명진
발행인	최윤서
편 집	정지현
디자인	최수정
펴낸 곳	(주)교육과실천
저자 강의·도서 구입	02-2264-7775
인쇄	031-945-6554 두성 P&L
일원화 구입처	031-407-6368 (주)태양서적
등록	2020년 2월 3일 제2020-000024호
주소	서울특별시 중구 창경궁로 18-1 동림비즈센터 505호
ISBN	979-11-91724-90-5 (13370)

정가   22,000원

저작권법에 따라 한국 내에서 보호를 받는 저작물이므로 무단 전재 및 복제를 금합니다.
저자 강의 및 도서 구입 문의는 교육과실천 02-2264-7775로 연락 주십시오.

ChatGPT 시대
일상의 질문이 놀이로 펼쳐지는

아이 주도 질문 놀이

이명진 지음

교육과실천

• 시작하며 •

ChatGPT 시대, 교육의 인식 전환이 필요하다

바야흐로 디지털 대전환 시대가 열렸습니다. 식당에 가면 종업원이 아닌 키오스크가 주문을 받고, 로봇이 서빙을 합니다. 이제는 현금보다는 스마트폰으로 요금을 지불하고, QR을 통해 정보를 전달하는 등 점차 많은 영역에서 AI가 사람의 역할을 대체하고 있습니다. 이러한 변화는 교육 현장에서도 예외는 아닙니다. 코로나19 팬데믹 이후 낯설었던 비대면 연수, 협의회 등이 이제는 일반화되었고, 디지털교과서, 디지털 놀이 등 디지털 교육의 비중이 점차 커지고 있습니다.

특히 ChatGPT의 등장은 우리 사회는 물론 교육에까지 큰 영향을 미치고 있습니다. ChatGPT는 거대언어모델(LLM)을 바탕으로 질문만 하면 유용한 정보를 찾아 정리해 주고, 다양한 정보를 분석하는 것은 물론 새로운 제안도 해 줍니다. 이뿐만 아니라, 빅데이터에 대한 자기학습능력 기반으로 음악, 그림, 글쓰기 등과 같은 인간의 고유 능력이라 생각했던 예술 활동의 창작물도 1~2분 만에 생성해 줍니다. 주목할 점은 ChatGPT의 능력이 놀라울 정도로 빠르게 진화하며, 인간 사회를 혁신적으로 변화시키고 있다는 것입니다.

ChatGPT의 등장으로 우리 사회는 정답을 찾는 능력보다 질문하는 능력이 더 중요한 시대로 전환되고 있습니다. 이에 교육부에서는 ChatGPT 시대 미래 인재가 갖춰야 할 필수 역량으로 사고력, 창의력, 디지털 리터러시, 공감과 소통, 협업, 인문학적 소양 등 총 6가지 역량을 강조하였습니다. 이는 정보를 활용하는 능력과 다른 사람들과 소통하고 협력하는 능력에 중점을 둔 것입니다. 교육 현장에서도 이를 반영하여 교육정책과 방향, 방법 등 다양한 변화가 일어나고 있습니다.

유아 교육도 예외가 아닙니다. 미래 사회를 살아갈 아이들에게 요구되는 주도성과 자율성, 개별성을 강조하며 놀이중심 교육과정으로 개정되었습니다. 놀이중심 교육과정은 유아가 주도적으로 참여하고 즐기는 놀이를 통해 자연스럽게 미래 역량을 기를 수 있도록 교육과정을 변화시킨 것이 가장 큰 특징입니다. 여기에는 변혁적 역량을 강조하는 국제 교육 동향도 반영되었습니다. 다시 말해, 놀이중심 교육과정은 사회 변화에 따라 요구되는 핵심역량 함양, 국제 교육정책 흐름에 맞춰 유아가 중심이 되고, 놀이로 성장할 수 있도록 유아 교육 패러다임을 전환시키기 위해 개정된 것입니다. 그러나 교육 현장에서는 학부모의 놀이 이해 부족과 특성화 학습에 대한 요구, 유치원 운영의 문제, 교사의 놀이중심 교육과정에 대한 낮은 이해도, 동일 연령 간의 획일적인 교육과정 운영 등의 다양한 이유로 놀이중심 교육과정을 실행하는 데 어려움을 겪고 있습니다. 그러나 정작 어려움을 겪는 이유에는 '아이들'이 빠져 있습니다. 교육과정 운영에 가장 중요한 교육 주체인 아이들을 고려하지 않는 셈입니다. "불확실한 미래를 살아가는 아이들에게 필요한 교육은 무엇일까?" "다가올 미래를 살아가기 위해서 아이들이 갖춰야 할 역량은 무엇인지?" 등 아이들을 간과하고 있습니다.

어느새 놀이중심 교육과정 개정 5년 차가 되었습니다. 이제는 아이들을 중심에 두고 교사로서 놀이중심 교육과정을 제대로 이해하고 있는지, 아이들이 주도적으로 살아갈 수 있도록 삶과 연계한 교육과정을 잘 실행하고 있는지 등 각자의 교실을, 교육과정 운영에 관해 진지하게 되돌아볼 때라 생각됩니다. 『사피엔스』의 저자 유발 하라리(Yuval Noah Harari)는 "2050년대 세상이 어떻게 달라질지 아무도 모른다. 우리 자녀 세대가 40대가 되었을 때 그들이 학교에서 배운 내용 중 80~90%는 쓸모없을 확률이 높다. 인공지능으로 인해 세상이 혁명적으로 변화하고 있지만 현재의 교육은 그에 대한 준비를 전혀 하지 못하고 있다."고 경고하고 있습니다.

유발 하라리의 말처럼 우리는 미래에는 어쩌면 쓸모없어질 수 있는 지식만을 전달하는 데 힘을 쏟거나, 과거의 획일적인 주입식 교육 방식에 머물러 있는 것은 아닌지 생각해 봐야 합니다. 2019 개정 누리 과정에서는 '계획-실행- 평가-계획'의 '선형적' 과정을 지양한다고 말합니다. 그러나 여전히 생활 주제 대신 놀이 주제라고 명칭만을 바꿔 틀을 벗어나지 못하고 기존의 방식대로 '선형적' 과정을 반복하고 있는 건 아닌지요? 또, 놀이 이야기 작성을 염려하여 놀이의 과정보다는 결과에 더욱 치중하는 건 아닌지요? 필자 또한 그런 시행착오를 겪으면서 성장해 왔습니다. 그러면 놀이중심 교육과정을 잘 실행하기 위해서 교사는 어떻게 해야 할까요?

먼저 아이들이 놀이에 몰입하며 시도하고, 실패하고, 도전하며 배우는 의미 있는 순간, 즉 놀이 과정에 관심을 가지고 바라보며 질문하고 격려해야 합니다. 필자는 교육이 변화하기 위해서는 "아이들을 가장 가까이서 만나는 교사가 먼저 변해야 한다."고 믿습니다. 물론 학부모의 인식 변화, 대입제도, 사회적 인식 등 사회적·제도적으로 변화해야 할 부분도 분명 존재합니다. 하지만 아이들이 매일 만나고, 놀이하고, 생활하는 교실, 즉 아이의 삶 속에서 먼저 변화가 시작되어야 합니다. 그러기 위해서는 교사가 중요하다고 생각하는 내용도 가르쳐 주지만, 아이들의 관심과 흥미에 따라 다양한 친구, 놀잇감, 자연 환경 등과 만나 주도적으로 놀이하도록 적극 지원해야 합니다. 아이들은 놀이를 통해 자신과 공동체를 연결하고, 자율성과 책임감을 기르며, 미래 사회 역량을 키워 나갈 수 있기 때문입니다. 특히, 아이들의 주도성을 살리기 위해서는 교사가 설명하고 가르쳐 주는 teaching보다는 호기심을 자극하고, 스스로 궁금증을 해결해 보도록 질문하며 지원하는 coaching 의 역할이 더욱 중요합니다.

필자 또한 2019년 개정 교육과정 이후 많은 시행착오를 겪었습니다. 그러나 유아중심, 놀이중심 교육과정을 실행한 4년이라는 시간 동안 "내가 우리나라의 교육제도는 바꿀 수 없지만, 나의 교실 문화는 바꿀 수 있다."는 믿음으로 아이들을 만났습니다. 그러면 필자는 어떤 시도와 노력을 했을까요?

먼저 계획을 세우기보다 아이들을 관찰하였습니다. 아이들의 호기심과 궁금증이 머무는 곳을 지켜보다 호기심을 가지고 질문하였습니다. 아이의 질문에 답을 알려 주기보다 정보를 찾는 방법을 가르쳐 주며 함께 알아보거나, 아이들에게 스스로의 질문에 대한 답을 찾을 수 있도록 기회를 주었습니다. 또, 문제를 해결해 주는 대신 질문을 던져 아이 스스로 다양하게 시도하며 문제를 해결해 보도록 격려하였습니다. 아이들의 삶 속에서 생긴 궁금한 질문에 대해 서로의 생각을 나누며, 창의성과 사고력을 키워 주려고 노력하였습니다. 수시로 아이들과 질문과 대화를 주고받고, 아이들의 목소리에 귀 기울이며 함께 나눌 수 있음에 감사하고, 아이들의 사랑에 감동하며, 새로운 생각에 감탄하였습니다.

그러자 교실에도 변화가 생겼습니다. 교사가 이야기하는 시간이 줄고 아이들이 이야기하는 시간이 늘었습니다. "선생님, 이제 놀아도 돼요?" 소리 대신 "오늘 놀이 진짜 재미있었다."라는 말이 나왔습니다. 또, 탐구자가 되어 흠뻑 빠져 실험하고 새롭게 시도하며, 매일 또 다른 놀이를 펼쳐 나갔습니다. 교사가 정해 주는 약속이 아닌, 상황에 따라 질문하며 공동의 해결 방안을 찾았습니다. 서로의 의견을 나누느라 교실은 좀 더 시끄러워졌지만 갈등은 줄었습니다. 점차 교사의 개입 없이 아이들이 주도적으로 문제를 해결하고 공공의 문제에 대한 새로운 제안을 하였습니다.

이 책은 4년 동안 3, 4, 5세 연령의 아이들과 놀이중심 교육과정을 실행하며 경험한 내용과 필자의 간절한 마음을 담아 집필하였습니다.

첫째, 아이의 흥미와 발달에 맞게 질문력을 키우는 게임부터 디지털, 그림책, 명화, 자연물 등을 활용한 다양한 질문 놀이 사례를 담았습니다. 질문 유형, 질문 예시, 상호작용 사례 등을 구체적으로 안내하여 누구나 쉽게 적용하며 질문 능력을 키울 수 있도록 하였습니다.

 둘째, 다양한 질문을 통하여 놀이를 지원하고, 탐구하고, 도전해 본 사례를 담았습니다. 교사의 질문으로 세상을 새롭게 바라보고, 사유하고, 문제를 해결하며 성장한 아이들의 이야기이기도 합니다. 단, 이 책의 내용은 필자와 학급 아이들의 궁금한 질문으로 상호작용하며 놀이한 하나의 사례일 뿐입니다. 단순히 놀이 사례와 결과를 보고 따라 하는 것은 의미가 없습니다. 결과보다는 질문으로 펼쳐지는 놀이 과정을 중점적으로 봐 주시기 바랍니다. 이 책을 참고하여 각 학급 아이들의 궁금한 질문으로 서로 대화하고 놀이하며 질문의 답을 찾아갈 수 있도록 도와주세요.

 셋째, 교육을 넘어 질문하는 교실 문화를 조성하고 안착하길 바라는 마음을 담았습니다. 변화는 사소한 것에서, 작은 것에서부터 시작됩니다. 이 책을 통해 대한민국 모든 교실에 질문하고 사유하는 문화가 조성되고, 다양한 질문을 주고받으며 주도적인 아이로 성장할 수 있기를 바라는 간절한 마음입니다.

• 목차 •

시작하며_ChatGPT 시대, 교육의 인식 전환이 필요하다 ... 4

1장 놀이중심 교육과정과 질문 놀이
미래형 놀이중심 교육과정: 왜 놀이인가 ... 14
교사의 교육과정 문해력이 놀이중심 교육과정의 질을 결정한다 ... 17
아이의 삶과 배움을 연결하는 질문: 왜 질문인가 ... 23
주도성을 살리는 질문 놀이 ... 28

2장 질문 놀이를 위한 기초 다지기
질문하는 교실 문화 만들기 ... 34
질문과 함께 의사소통 능력 키우기 ... 49
유아 맞춤형 질문 모형 ... 52

★ 해당 아이콘은 다양한 질문 놀이입니다.

3장 질문이 능력이다: 질문 놀이로 질문 능력 키우기
★ 돌아 돌아 짝꿍 대화 ... 58
★ 만남의 광장 ... 60
★ 꼬리 질문 카드놀이 ... 62

- ★ 나는야, 질문송라이터　　　　　　　　　　　　64
- ★ 아무 질문 대잔치　　　　　　　　　　　　　66
- ★ 슬기로운 경청 생활, 빙고!　　　　　　　　　68
- ★ 그림책 탐정 놀이, 장면을 찾아라!　　　　　　70
- ★ 콜 마이 네임, 질문왕은 누구?　　　　　　　　72
- ★ 두근두근 질문 룰렛　　　　　　　　　　　　74
- ★ 질문 완성하기　　　　　　　　　　　　　　75

4장 주도성이 핵심이다: 질문으로 놀이 확장하기

디지털을 활용한 질문 놀이　　　　　　　　　　78
- ★ 전기로 놀아요　　　　　　　　　　　　　　83
- ★ 그림책 작가 프로젝트　　　　　　　　　　　90
- ★ 리뷰는 사랑입니다　　　　　　　　　　　　94
- ★ AI가 그려 주는 나만의 초상화　　　　　　　　99
- ★ 우리 반 책 만들기　　　　　　　　　　　　104

그림책을 활용한 질문 놀이　　　　　　　　　108
- ★ 질문에 답을 찾아라　　　　　　　　　　　111
- ★ 너는 어떤 아이야?　　　　　　　　　　　　118
- ★ 인사이드 아웃　　　　　　　　　　　　　123
- ★ 실수해도 괜찮아　　　　　　　　　　　　127
- ★ 도둑을 잡아라!　　　　　　　　　　　　　132

명화를 활용한 질문 놀이　　　　　　　　　　137
- ★ 길 떠나는 가족의 이야기 속으로　　　　　　139

- ★ 데칼코마니: 상상플러스 — 144
- ★ 얼쑤절쑤, 신나게 춤을 춰요 — 148
- ★ 내가 화가라면 — 153
- ★ 그림이 궁금해요 — 158

자연물을 활용한 질문 놀이 — 163
- ★ 봄에 만난 꽃 — 165
- ★ 버섯을 키워요! — 170
- ★ 돌멩이야 놀자! — 175
- ★ 빗방울 떨어져 물방울 — 180
- ★ 뚝딱뚝딱 목공 놀이 — 185

5장 미래 핵심역량을 키우다: 질문으로 성장하기
- ★ 함께 정하는 우리 반 약속: 공동체 역량 — 192
- ★ 탕후루 찬반 논쟁: 소통 능력 — 198
- ★ 틀에서 벗어나 놀자: 창의적 사고 — 202
- ★ 나에게 주는 상: 자존감 — 206
- ★ 우리나라의 보물, 직지: 비판적 사고 — 209

6장 존중이 기본이다: 질문으로 코칭하기
- 아이를 향한 존중의 언어, 질문 — 216
- 아이의 행동 안에는 욕구가 숨어 있다 — 221
- 좋은 칭찬과 격려가 아이를 성장시킨다 — 228
- 교실에서 상처받지 않는 상황별 욕구 코칭 질문법 — 232

★ 선생님에게 자꾸 고자질을 해요	236
★ 내 마음대로 할 거예요	240
★ 자꾸 울면서 유치원에 와요	244
★ 선생님, 저는 못해요	248

7장 교육 경험을 잇다: 질문으로 연결하기

유초이음 슬기로운 초등생활	254
만족도 200% 함께 즐기는 질문 놀이: 학부모 공개수업 편	259
가정과 함께하는 질문 놀이	268
학부모와 함께하는 힐링 수다	272

참고문헌　275

1장

놀이중심 교육과정과 질문 놀이

미래형 놀이중심 교육과정
: 왜 놀이인가

　AI와 기술의 발달로 인해 사회는 물론 인간의 삶 또한 하루가 다르게 변화하고 있습니다. AI로 인해 인간의 삶은 훨씬 편리해지고 있지만, AI가 인간의 역할을 대체하며 나타나는 직업 변화와 고용 문제, 딥페이크와 같은 신종 디지털 범죄, 거짓 정보가 포함된 수많은 가짜뉴스의 범람 등 다양한 문제점이 생겨나고 있습니다. 또한 지구의 기후위기, 동식물 멸종과 같은 생태계의 파괴, 저출산과 고령화, 자원 고갈과 같은 인류가 직면한 문제들이 서로 얽혀 미래 사회를 더욱 예측하기 어렵게 합니다.

　이러한 미래 사회의 불확실성에 대응하기 위해 OECD(경제협력개발기구)에서는 교육 시스템의 개선과 정책 개발을 제안하며 「OECD 교육 2030」 보고서를 발표하였습니다. 이 보고서에서 주목할 점은 '학습 나침반(Learing Compass)'이라는 개념을 중심으로 교육의 변화를 강조한 것입니다. 학습 나침반은 학습자가 나, 타인, 공동체, 지구의 지속 가능한 발전 등 자신과 더 나은 미래를 위해 책임 있게 잘 살아가는 것(Well-being)을 교육의 목표로 삼고 있습니다. 이에 단순히 지식을 습득하는 것을 넘어 핵심역량과 가치관(사회적 책임, 지속 가능성, 글로벌 시민성)을 기를 것을 제시하였습니다. 특히 핵심역량을 키우기 위한 행위 주체성(Agency)을 강조하였습니다. 행위 주체성은 학생이 학습 과정에서 스스로 선택하고 결정하며, 능동적으로 학습을 주도할 수 있는 능력을 뜻합니다. 이는 학생이 교사에게 지식을 전달받는 수동적인 존재에서 스스로 선택하고 결정하는 능동적인 존재로, 자신의 삶에 책임감을 가지고 적극적으로 행동하는 삶의 주체로 인식이 변화하였음을 의미합니다.

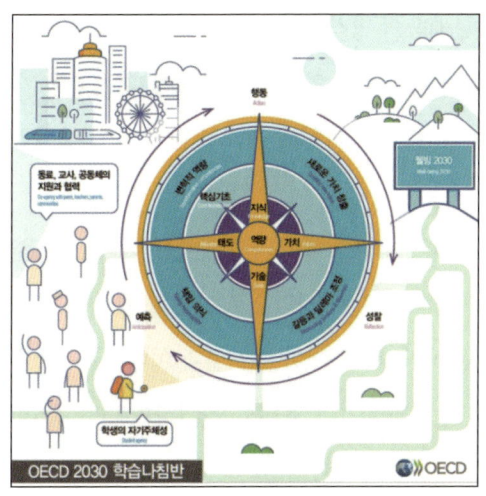

「OECD 교육 2030」 보고서의 학습 나침반 그림을 보면 나침반을 든 학생이 학교가 아닌, 길 위에서 스스로 판단하고 선택하며 목표점(웰빙)을 찾아가는 모습으로 묘사하며 학생의 행위 주체성을 강조하고 있다.

이에 사실과 정보를 전달하는 주입식 교육에서 학생 스스로 질문하고 답을 찾아가는 교육으로, 시대에 따라 생성되는 새로운 지식을 배워 나가는 평생교육이 강조되었습니다. 또한 단편적인 지식을 획일적으로 가르치는 집단 교육에서 개인의 관심, 강점, 재능에 따라 이루어지는 개별 교육이 중요해지고 있습니다.

이러한 시대적·사회적 변화와 국제 교육 동향에 따라 우리 교육 현장에서도 미래 사회에 부응하기 위해 교육의 방향성을 새롭게 설정하는 것이 필요해졌습니다. 이에 따라 아이들이 주도하는 놀이를 통해 배우는 '2019 개정 누리과정(별칭 유아중심·놀이중심 교육과정)'으로 개정되었습니다.

2019 개정 누리과정에서는 특히 개별 유아의 다양성을 고려하고, 아이(학습자)가 중심이 되며, 주도적이고 자발적인 놀이를 통한 즐거운 배움을 강조합니다. 스스로 선택하고 결정하는 주도적인 학습으로 아이에게 가장 적합한 방법이 놀이이기 때문입니다. 놀이는 아이들의 삶과 밀접하게 연결되어 있습니다. 놀이는 단순히 활동하고 남는 시간을 보내는 즐길 거리 또는 학습의 반대말이 아닙니다. 아이들에게 놀

이는 소통의 방식이며, 배움의 방식이자 표현의 방식입니다. 스스로 선택하고 결정하며 주도적으로 이끌어 가는 배움의 과정 자체입니다. 「2019 개정 누리과정 해설서」에는 놀이가 중심이 되는 교육과정에 대해 다음과 같이 설명합니다.

"놀이는 유아의 일상에서 자연스럽게 나타나며, 유아가 세상을 경험하고 배워 가는 방식이다. 유아는 온몸의 감각과 기억으로 자연과 세상을 만난다. 유아가 놀이하며 보여 주는 독특한 움직임, 표정, 재미있는 말과 이야기, 그림이나 노래 등은 모두 놀이의 과정이자 배움의 결과물이다. 유아는 놀이하며 다른 사람과 관계를 맺고, 세상의 중요한 구성원으로 성장해 간다. (중간 생략)

유아가 자신에게 가장 적합한 방식으로 스스로 놀이하며 배운다는 점에 주목하여 유아가 주도하는 놀이를 강조하였다. 이는 유아의 놀이에 귀를 기울여 유아가 중심이 되는 놀이가 살아나는 교육과정을 만들고자 한 것이다."

최근 대치동을 중심으로 한 '7세 고시'가 이슈화되었습니다. 아이의 발달 특성을 무시한 채 과도한 사교육으로 고통받고 있는 아이들이 안타깝고, 교사로서 가슴이 아픕니다. 이제는 교사가 놀이의 가치를 이해하고, 놀이를 통해 배움을 지원할 수 있는 전문가로 거듭날 때입니다. 나의 교실 아이들부터 스스로 질문하고, 그 답을 찾기 위해 탐구하고 놀이하는 과정에서 자연스럽게 배울 수 있도록 도와줘야 합니다. 이에 교사는 새로운 질문을 던지고, 함께 사유하고 나누며 아이들의 성장을 지원해야 합니다. 또 학부모와의 긴밀한 놀이 소통을 통하여 놀이의 가치를 이해시킬 수 있어야 합니다. 학부모의 놀이에 대한 인식을 바꿀 수 있을 때, 아이들의 배움의 방식인 놀이를 사교육으로부터 지킬 수 있습니다. 그러기 위해서 학부모와의 놀이 소통이 매우 중요합니다. 이처럼 변화의 시작은 교사입니다. 어렵고 힘든 일이지만 변화를 시도하는 교사가 많아질수록 나비효과처럼 교육의 큰 변화를 가져올 수 있을 것이라 믿습니다. 선생님의 동참이 꼭 필요합니다.

교사의 교육과정 문해력이 놀이중심 교육과정의 질을 결정한다

교육과정이 개정되면서 교사들은 '아이들의 놀이를 어떻게 지원해 줘야 할지', '놀이 확장, 놀이 관찰과 기록을 어떻게 해야 하는지', '안전 부분에서 어디까지 허용해야 하는지' 등 고민이 깊어졌습니다. 무엇이 아이들의 주도적인 놀이인지에 대한 개념도 혼란스럽기만 합니다. 이에 교사가 먼저 유아중심·놀이중심 교육과정의 의미를 이해하는 것이 중요합니다. 교사의 자율성이 확대됨에 따라 교사의 교육과정 문해력 차이가 곧 교육과정 운영의 질 차이로 연결되기 때문입니다. 교육과정 문해력이란 국가 수준의 교육과정을 이해하고 활용하는 능력입니다. 좀 더 자세히 설명하면 교육과정에 담긴 의미를 바르게 이해하고, 이를 반영하여 교육과정을 설계·실행·평가할 수 있는 포괄적인 능력입니다. 특히 유아교육은 교과서가 없기 때문에 교육과정 안에 담긴 의미를 해석하고 이해하는 것이 매우 중요합니다. 교사가 교육과정 안에 담긴 의미를 제대로 이해하지 못한다면 '유아중심'은 아이가 원하는 대로 모든 것을 다 해 주는 것, '놀이중심'은 아이들을 그냥 놀게 내버려두면 되는 것이라는 오해를 불러올 수도 있습니다.

그러면 교육과정 문해력을 높이고 유아중심·놀이중심 교육과정을 운영하기 위해서는 교사는 어떻게 해야 할까요?

교육과정을 새롭게 바라보는 철학함이 필요합니다.

우리의 교육 현장은 전통적으로 이분법적 사고를 기반으로 아이들을 평가하였습니다. 착하거나 나쁜 아이, 정답이거나 오답, 모범생이거나 문제아, 어른과 아이, 가르치는 교사와 배우는 학생처럼 말입니다. 더 구체적으로 보면 교사는 문제를 해결할 수 있고, 유능하여 가르치는 사람인 반면에 아이는 미숙하여 배워야 하는 존재로, 교사는 모든 걸 판단하고, 아이는 교사의 지시와 규칙에 길들여야 하는 존재로 여깁니다. 시대의 변화에 따라 아이 스스로의 판단과 선택에 따라 주도적으로 배워 나가는 능동적인 주체로의 성장을 강조하고 있지만, 교실 속 교사들은 여전히 아이들에게 지시하고 판단하며 상과 벌로 통제하려고 합니다.

그런데 만약 교사 개인의 가치관과 판단, 신념이 과거 이분법적 사고에 머물러 있다면, 잘못된 교육적 신념을 가지고 있다면, 가르치는 교사마다 아이를 바라보고 지도하는 관점이 모두 다르다면 어떨까요? 교사에 따라 교육의 질 차이가 더욱 커질 수밖에 없습니다. 따라서 교사의 주관적 사고와 신념이 아닌 놀이중심 교육과정의 이론적 배경이 되는 현대철학을 바탕으로 아이의 존재를 인식하고, 교육과정을 해석하기 위해 철학함이 필요합니다. 서울대학교 김상환 교수는 〈서가명강〉 인터뷰(2020)에서 철학이 완성된 이론이라면 철학함이란 각자가 자신의 고유한 질문에 답을 구하는 과정이고, 이를 삶에서 실천하는 것이라고 말했습니다. 철학함으로 교육과정을 새롭게 본다는 의미는 교육과정을 운영하면서 생기는 다양한 고민에 스스로 또는 동료 교사와 함께 사유하며 답을 찾아가는 과정이고, 또 이를 삶에서 실천하는 것입니다. 따라서 교사는 교육과정 운영에 관해 늘 스스로에게 질문하고, 교육공동체와 함께 사유하며 놀이중심 교육과정에 근간이 되는 철학을 나침반 삼아 교사의 역할을 고정적으로 여기는 것이 아니라, 상황에 따라 유동적으로 바꿔 나갈 수 있어야 합니다.

아이 주도적인 환경을 마련해야 합니다.

아이들의 놀이 속에서 교사는 늘 안전사고가 걱정됩니다. 그러다 보니 자연스럽게 아이들의 놀이를 통제하고 제한하게 됩니다. 놀이터 디자이너이자 『놀이가 밥이다』의 저자인 편해문 선생님은 위험을 2가지 관점으로 설명했습니다. 하나는 해저드(hazard)로 손상이나 사고를 일으킬 수 있는 환경적 위험 요소입니다. 예를 들어 날카로운 못, 깨진 장난감, 뾰족한 모서리 등이 있습니다. 다른 하나는 리스크(risk)로 실제 놀이를 하며 다칠 수 있는 가능성과 결과를 뜻합니다.[1] 편해문 선생님은 아이들이 멍들 권리를 강조하며 역설적으로 위험해야 안전하다고 말합니다. 이 말은 위험적 요소인 해저드는 제거하여 당연히 사고를 예방해야 하지만, 넘어지거나 멍드는 등의 작은 위험은 필요하다는 뜻입니다. 아이들은 이러한 경험을 통하여 자신의 한계를 인식하고, 신체 조절력을 키워 더 큰 사고를 예방하는 법을 배운다는 것입니다. 즉, 통제 가능하고 극복할 수 있는 위험은 아이들의 성장에서 반드시 필요하다는 뜻이지요. 편해문 선생님은 자신의 철학을 담아 도전하고 모험을 즐길 수 있는 순천의 기적의 놀이터를 만들었습니다. 철학함으로 만든 놀이터는 대한민국 어디에 가도 볼 수 있는 K놀이터와는 전혀 다른 모습입니다. 흔한 미끄럼틀, 그네, 시소 하나 없는 놀이터지만 아이들은 더욱 신나게 주도적으로 놀이를 합니다.

이처럼 아이들의 삶의 터전인 교실 환경도 아이들이 마음껏 도전하며 주도적으로 놀이할 수 있도록 조성해야 합니다. 교실을 구성하는 것이 오로지 교사의 판단과 권한만으로 결정되는 것이 아니라, 교실의 사용 주체인 아이들과 함께 의논하여 구성하는 것이 필요합니다. 교실 안의 책상, 교구장, 매트, 의자 등 교실의 비품이나 자료들도 교사의 허락을 구하는 것이 아니라 교실의 공동 사용자로 자유롭게 사용할 수 있도록 허용해 주고, 대신 책임 있게 사용하고 정리하는 등 공동 책임자로서의 역할을 할 수 있도록 지도해야 합니다.

또한, 교실의 놀잇감과 자료들도 교사의 계획하에 구입하는 만들기 키트와 같은 정형화된 놀잇감 대신, 아이들이 스스로 선택하고 활용하여 창의적으로 만들 수 있는 다양한 재료와 도구, 놀잇감을 제공해야 합니다. 최근 교사들이 많이 사용하는 만들기 키트는 수업의 편리성, 다양성 또는 학부모에게 보여지는 결과물의 질이 높

---

1 박신홍(2018). 순천 '기적의 놀이터' 엔 아이들이 다쳐 멍들 권리가 있다. 중앙SUNDAY(2018년 5월 5일자)

다는 점 등의 장점이 있지만 한번 고민해 볼 필요가 있습니다. 이는 교사의 생각과 판단으로 결정한 일방적인 수업의 방식이고, 아이의 흥미와 관심을 고려하지 않은 교사의 계획에 의한 획일적인 활동인 경우가 많기 때문입니다.

아이들은 단순히 정해진 규칙을 따르고 정형화된 놀이만을 하는 것이 아니라, 기존의 틀을 벗어나 다양한 시도를 하며 물질과 새롭게 관계를 맺으며 놀이합니다. 또한, 상상의 이야기를 만들며 전혀 예상하지 못한 방향으로 놀이를 확장하기도 하고, 신나는 모험을 즐기기도 합니다. 아이들에게는 자유롭게 탐색하고, 새로운 시도를 하며 놀이를 펼쳐 갈 수 있는 비정형화되고 도전할 수 있는 다양한 놀잇감이 필요한 것이지요. 이에 교사는 아이들이 다양한 놀잇감을 활용하여 상상의 세계를 펼치며 주도적으로 교실을 재구성하며 마음껏 놀이할 수 있도록 걱정과 통제가 아닌 허용과 격려로 바라볼 수 있는 용기가 필요합니다.

놀이의 결과가 아닌 과정에 주목해야 합니다.

놀이중심 교육과정으로 개정되면서 '놀이 이야기'를 통해 학부모와 놀이를 공유하며 소통하는 것이 중요한 과제가 되었습니다. 이는 놀이를 통한 아이의 배움과 성장을 공유하며, 놀이에 대한 이해도 증진, 협력적 이해관계를 구축하는 데 꼭 필요하기 때문입니다. 그러나 놀이 이야기는 놀이의 과정과 결과를 담는 처음의 취지와 다르게 놀이의 결과만을 담으며 본래의 의미에서 벗어나기 시작했습니다.

교사 입장에서 보면 학부모에게 일정 기간의 놀이를 안내해야 하니 교육 결과를 공개하는 것 같아 왠지 부담스럽습니다. 학부모에게 교육과정을 충실히 운영하는 것을 보여 주기 위해 왠지 퍼포먼스 같은 그럴듯해 보이는 사진이 필요한 것 같습니다. 그러다 보니 교사는 놀이 지원도 하지만, 자연스럽게 그럴듯한 사진을 찍을 수 있는 놀이로 유도하기도 합니다. 그러면 지원과 유도의 차이점은 무엇일까요? 지원과 유도의 차이점은 주체가 누구냐에 따라 다릅니다. 교사가 이미 머릿속에 놀이의 흐름을 구상하고 아이들의 놀이를 이끄는 것과 놀이를 지켜보며 의미 있는 질문으로 아이들이 직접 구상하며 놀이를 이끌어 가게 하는 것은 분명 큰 차이가 있습니다. 교사 스스로 지원을 하고 있는 것인지, 유도를 하는 것인지 점검해 봐야 합니다. 물론 유도를 해야 할 때도 있습니다. 아이들의 놀이 경험이 적어 놀이의 방법이 서툴거나, 놀이를 이끌어 가기 어려울 때 등이 그렇습니다. 그러나 아이들의 전체 놀이를 유도하기만 한다면 고민해 봐야 합니다. 아이들의 놀이를 지원하기 위해서는 따뜻한 호기심으로 아이들의 놀이 과정을 관찰하고, 아이들의 관심과 놀이의 흐름이 어떻게 변화하는지 교사가 먼저 이해할 수 있어야 합니다.

놀이는 단순한 모방이 아니라 다양한 마주침 속에 끊임없이 변화하는 역동적인 과정이며, 지속적으로 진행되는 변화의 흐름이라고 말합니다. 예를 들어, 지용이는 공룡을 가지고 놀이하다가 블록을 가져와 공룡의 집을 만들었습니다. 다양한 블록으로 공룡들 집을 만들더니, 친구에게 "여기는 쥬라기공원이야."라고 말합니다. 이내 자동차를 가지고 오더니 쥬라기공원으로 소풍을 가자고 하며 엄마, 아빠 역할을 정합니다. 이렇듯 아이들의 놀이는 놀이 과정에서 만나는 도구, 재료, 상황 등에 따라 역동적으로 변화합니다. 이러한 놀이 과정에 아이만의 배움의 순간, 태도 변화의 순간, 깨달음의 순간이 있습니다. 교사가 대충 보아서는 이 모든 순간을 볼 수 없습니다. 현대철학자 들뢰즈(Gilles Deleuze)는 아이들은 놀이에서 반복적인 행동을 통해 새로운 의미, 즉 차이를 발견하고 다양한 변화를 경험한다고 말합니다. 같은 놀이를 하는 아이를 지속적으로 관찰하다 보면 같은 공룡을 가지고 놀이해도 매일 다른 놀이가 펼쳐진다는 것을 발견할 수 있습니다. 똑같아 보이는 놀이이지만 자세히 보면 차이가 있고, 또 차이를 반복하며 더욱 능숙해지고, 다양해지고, 확장되어 가는 것을 알 수 있습니다.

이처럼 교사가 먼저 놀이의 의미와 흐름, 과정, 차이 등을 이해하고, 학부모에게도 놀이의 결과만이 아닌 아이들의 흥미와 관심의 변화, 놀이하는 과정에서 의미 있던 배움, 몰입했던 지점, 반복된 놀이 속 어떤 차이가 있는지 등을 안내하고 소통해야 합니다. 학부모와의 놀이 소통이 활발해질 때 학부모도 놀이 결과만이 아닌 과정에 관심을 가지고 놀이를 이해하고, 놀이의 가치를 바르게 인식할 수 있기 때문입니다. 학부모의 놀이 인식을 변화시키는 일은 아이들이 발달 특성에 맞는 놀이를 통해 배울 수 있는 권리를 지켜 주는 가치 있는 일입니다. 교사로서 할 일이 많지만 학부모와의 놀이 소통은 아이들의 건강한 성장을 지원하기 위해 교사가 꼭 해야 하는 일이라고 생각합니다.

놀이의 교육적 기록을 해야 합니다.

놀이 시간에 다양한 갈등 해결, 놀이 지원 등 교사는 바쁩니다. 더군다나 관찰도 바쁜데 놀이 기록은 교사에게 부담스러운 일 중의 하나입니다. 하지만 놀이 기록은 아이들을 이해하고, 성찰을 통한 교사의 성장, 교육과정의 개선, 가정과의 연계를 위해 꼭 필요합니다. 아이들의 놀이는 예측 불가능하고 다양한 방향으로 확장되기 때문에 배움의 순간을 포착하여 기록하는 것이 중요합니다. 이를 위해 「2019 개정 누리과정 실행 자료」에는 결과가 아닌 과정을 기록하고, 형식과 분량에 있어 교사의 자율성을 부여한다고 안내하고 있습니다.

교육적 기록은 단순히 명확한 사실만을 기록하는 것이 아니라 다양한 사건, 놀이 과정에서 아이의 배움 순간, 태도의 변화, 생각의 변화, 또래 간 상호작용, 관계의 맥락, 교사의 성찰 등을 담아 기록할 수 있습니다. 교육적 기록을 통해 아이와 놀이를 이해할 수 있는 것은 물론 교사의 성찰을 통해 교사의 성장에도 도움이 됩니다. 또한 놀이 기록을 가정과 공유하고 소통하면서 학부모의 놀이에 대한 이해도를 높이고, 놀이의 주체자로서 함께 참여시킬 수 있습니다. 최근 패들렛, 노트앱 등 다양한 플랫폼을 이용하여 교육적 기록을 할 수 있습니다. 자신에게 가장 잘 맞는 방법을 선택하여 꾸준히 기록해 볼 것을 추천 드립니다.

아이의 삶과 배움을 연결하는 질문
: 왜 질문인가

    질문은 알고자 하는 것을 얻기 위해 물어보는 것 외에도 많은 의미가 있습니다. 혁신의 아이콘 일론 머스크(Elon Musk)는 대학 시절 "환경오염, 식량 고갈, 에너지 고갈 등의 문제로 인류가 더 이상 지구에서 살아갈 수 없게 된다면, 인간은 어디서 살아야 할까?"라는 질문을 했다고 합니다. 그는 스스로의 질문에 고민하다 화성을 떠올린 후 다시 질문을 했습니다.

    "그럼 인류가 화성으로 이주하려면 어떻게 가야 하지?"

    "이주 비용을 줄이는 방법은 무엇이지?"

    계속되는 고민을 하던 그가 우주항공 전문가를 만나 건넨 질문은 아주 유명합니다.

    "1단 로켓을 버리지 말고 다시 사용하면 안 되나요?"

    우주로켓은 추진체 1단과 본체로 이루어져 있습니다. 추진체 1단은 로켓을 발사하여 위성 궤도로 올려 주는 역할을 하는데, 위성 궤도로 올린 후 연료를 다 쓴 추진체 1단은 본체와 분리되어 바다로 버려진다고 합니다. 일론 머스크는 바다로 버려지는 이 추진체 1단을를 재활용하면 로켓 발사 비용을 줄일 수 있다고 생각한 것입니다. 우주항공 전문가들은 그의 질문을 듣고 황당해 했지만, 그는 주변의 비웃음을 무시하고 2002년 스페이스X 설립하고 추진체 회수 연구를 시작하였습니다. 그리고 13년의 연구 끝에 2015년 12월 22일 1단 로켓 회수에 성공합니다. 그의 연구 결과는 인류에게 큰 혁신을 가져왔습니다. 로켓 발사 비용을 1,100억 원에서 3분의

1인 350억 원으로 경감시켰고, 이는 우주항공 산업의 성장을 촉진하는 계기가 되었습니다. 실현 불가능할 것 같았던 일론 머스크의 상상 질문과 그의 도전이 우주 비즈니스 시대를 개척하고, 인류에 막대한 영향력을 끼치게 된 것이지요.

이렇듯 역사를 되짚어 보면 세상을 변화시키는 데 질문이 있었습니다. 모두가 당연하게 생각하는 현상, 상황, 문제, 사실 등에 궁금증과 호기심을 가지고 질문을 할 때, 비로소 새로운 발견을 하고, 담겨진 의미를 깨닫기도, 창조를 할 수 있었습니다. "사과는 왜 땅으로만 떨어질까?"라는 질문으로 뉴턴(Isaac Newton)은 만유인력의 법칙을 발견하였고, "정말 태양이 지구 주변을 돌고 있을까?"라는 질문으로 코페르니쿠스(Nicolaus Copernicus)는 지동설을 주장하였습니다.

그러나 안타깝게도 우리나라는 질문과는 거리가 먼 교육을 해 왔습니다. 질문은 학생들이 제대로 알고 있는지 교사가 확인하는 절차일 뿐이었습니다. 그러다 보니 호기심 많던 유아 시절이 지나면 점차 질문을 하지 않습니다. 오로지 정답만을 찾는 교실에서는 일론 머스크의 질문처럼 현실 가능성이 없어 보이는 상상 질문에는 "헛소리, 공상가, 수업 방해"라고 여길 뿐이었습니다.

사회의 급속한 변화와 ChatGPT의 등장으로 이제는 질문하지 않으면 살아갈 수 없는 '대질문의 시대'가 열렸습니다. 이에 교육부에서는 2024년부터 질문하는 학교를 운영하며 질문, 토론, 협력을 통해 개념을 탐구하는 수업을 강조하고 있습니다. 이는 초·중·고등뿐 아니라 유치원 교육과정도 마찬가지입니다. 유치원 「2019 개정 누리과정 놀이 실행 자료」에서도 다음과 같이 질문의 의미를 설명하고 있습니다.

"질문은 유아로 하여금 보다 높은 수준으로 사고할 수 있도록 유도하며 새로운 상상을 놀이로 구현하게 하고, 다른 문제를 발견하고 해결하는 선순환의 구조를 만드는 원동력이 된다."

초·중등 교육과정과 마찬가지로 이처럼 「2019 개정 누리과정 놀이 실행 자료」에서도 질문을 강조하고 있습니다. 그러나 질문을 중요하게 생각하며 주도성을 강조하는 초·중등 교육과정과는 다르게 유아교육 현장에서는 질문이 주목받지 못하고 있습니다. 오히려 아이들이 주도적으로 놀이를 이끌어 가기 위해서는 질문이 더욱 중요한데도 이를 간과하고 있는 것이지요. 이에 교사들이 놀이 안에서 질문의 교육적 가치를 이해하는 것이 필요합니다. 그렇다면 놀이 속에서 질문이 가지는 교육적 가치는 무엇일까요?

첫째, 사고력과 창의력이 발달합니다.

질문은 하는 것만으로도 생각하게 만드는 힘이 있습니다. 아이들과 색 혼합 놀이를 했을 때입니다. 아이들이 만든 혼합색을 종이에 색칠하여 색종이 타일을 만들었습니다. "색종이 타일을 모아 무엇을 할까요?" 질문을 하니 아이들이 바닥에 붙여 길을 만들었으면 좋겠다는 의견을 냈습니다. 바닥에 색종일 타일 길이 생기자 아이들은 그 길을 지나갈 때마다 사방치기하듯 폴짝폴짝 뛰어갔습니다. 그런데 문득 '색종이 타일에 질문을 붙여 놓으면 어떤 반응을 보일까?' 라는 호기심이 생겼습니다. 다음 날 길 위쪽에 "우리가 만든 색은 모두 몇 가지일까요?"라는 질문을 하나 붙여 놓고 관찰하였습니다. 그러자 아이들이 질문을 읽고는 타일을 세기 시작했습니다. 바닥에 붙여진 질문을 보는 것만으로도 아이들은 질문의 답을 찾기 위해 생각하고 행동하였습니다. 이렇듯 우리 뇌는 본능적으로 질문에 반응하고, 그 답을 찾기 위한 시도를 하게 됩니다. 이 과정에서 새로운 방법을 생각해 내고, 문제를 해결하며 사고력과 창의력이 발달합니다.

둘째, 의사소통 및 메타인지 능력이 발달합니다.

다양한 질문을 하고 대답하는 과정에서 아이들은 자신의 생각을 말하고, 다른 사람의 이야기를 귀 기울여 듣고, "아, 그렇구나."와 같은 호응을 하며 이야기를 나눕니다. 이 과정에서 자연스럽게 의사소통 능력이 발달합니다. 또한, 질문을 하기 위해서는 먼저 자신이 아는 것과 모르는 것을 스스로 인지하고 정리해야 합니다. 다시 말해 질문은 하는 것만으로도 메타인지 능력이 발달합니다. 메타인지란 자기 성찰 능력으로 자신이 무엇을 알고 모르는지 파악하여, 자신의 상태에 맞춰 학습 방법이나 전략을 선택하고 조절할 수 있는 능력입니다. 질문은 자신이 모르는 부분, 이해가 안 되는 부분을 정확히 파악하고, 오류나 실수는 없는지 질문을 통해 점검하는 과정입니다. 질문은 메타인지 발달을 위한 첫 단계인 셈입니다. 질문 놀이는 질문하고, 답을 찾기 위해 탐구하고 놀이하는 과정을 반복하면서 자신의 이해, 사고, 감정을 알고 조절하는 메타인지 능력 발달에 도움을 줍니다. 질문 놀이를 통해 질문하는 습관을 길러 주는 것만으로 자연스럽게 메타인지 능력이 향상되는 셈이죠. 교실에서 질문 놀이가 꼭 필요한 이유이기도 합니다.

셋째, 주도성과 내적 동기를 유발합니다.
질문은 아이들에게 스스로 목표를 세우고, 생각하고 해결할 수 있도록 도와줍니다. "어떤 놀이를 하고 싶어요?" "어떤 방법으로 만들 수 있을까요?" "무엇이 필요하나요?" 등의 질문은 아이들이 자신의 생각, 하고 싶은것, 좋아하는 것 등을 생각하게 하고, 자신만의 판단 기준으로 놀이를 선택하고, 놀이 방법을 구상할 수 있도록 이끌어 줍니다. 놀이에 필요한 재료와 도구, 놀잇감 등을 탐색하고, 상황에 맞게 활용할 수 있게도 도와주지요. 또 "다른 방법도 있을까요?"와 같은 질문은 놀이 과정에서 다양한 시도와 도전을 하게 하는 격려가 됩니다. "왜 그럴까요?" "어떻게 할까요?"와 같은 질문은 아이들의 호기심을 자극하여 아이가 흥미를 가지고 놀이에 몰입하고 탐구하게 하는 촉진제가 됩니다. 이처럼 질문은 놀이 과정에서 아이들이 스스로의 선택과 판단을 하며 주도적으로 놀이를 할 수 있도록 도와줍니다. 이러한 경험은 아이들에게 성취감을 주고, 내적 동기를 유발하여 주도성을 발달시킵니다.

이처럼 질문은 놀이 안에서 아이들의 배움을 확장시키고, 주도성을 키우며, 삶에서 만나는 다양한 문제를 해결하는 시작점이자 과정이 될 수도 있습니다. 질문이 삶과 배움을 연결하는 가교 역할을 하는 것입니다.

　많은 사회학자들은 우리 아이들이 살아갈 미래 사회는 점점 예측이 어려운 세상이 될 것이라 말합니다. 바꿔 말하면 "어떻게 살아가야 하지?" "어떻게 해결해야 하지?" 질문하지 않으면 우리 삶과 인류의 생존이 어려울 수 있습니다. 단순히 AI가 주는 편리함에 익숙해져 버리면 인간은 디지털치매와 같은 인지적 능력 저하는 물론, 영화처럼 AI에게 지배당하는 세상이 올 수도 있습니다. 따라서 미래 사회를 살아가는 아이들에게 질문 능력은 삶을 살아가기 위한 필수 역량입니다. 질문을 통해 고민하고, 성찰하고, 삶과 연결하여 인류가 직면한 다양한 문제를 창의적으로 해결하며 살아갈 수 있어야 합니다. 따라서 유아기부터 일론 머스크처럼 자신과 세상을 향해 질문을 던지고, 그 답을 스스로 찾아가며 나와 공동체, 지구의 환경까지 생각하며 살아갈 수 있도록 주도성을 길러 줘야 합니다.

주도성을 살리는 질문 놀이

「OECD 교육 2030」 보고서에서 미래 교육의 핵심 토대로 학생 주도성을 제시하였습니다. 주도성이란 아이가 스스로 자신의 목표를 설정하고, 그 목표를 달성하기 위해 계획을 세우고, 자신의 선택에 책임을 갖고 행동하는 역량을 말합니다. 주도성은 평생학습의 기초가 되며, 자신의 삶과 학습에 주체가 되어 책임 있게 살아가는 힘이 되므로 유아기부터 키워 주는 것이 중요합니다.

주도성을 실현하기 위해서는 교사 중심 수업에서 학생 중심 수업으로 패러다임의 전환이 필요합니다. 특히 지식을 일방적으로 전달하는 강의식의 획일적 수업이 아닌, 아이들 개인의 학습 능력과 속도에 맞춘 질문 수업, 토론, 협력학습과 같은 학습 방식이 요구됩니다. 이러한 학습 방식 중 유아기에 가장 적합한 방법이 바로 질문 놀이입니다. 질문 놀이는 아이 스스로 궁금한 것을 질문하고, 답을 찾기 위해 생각하고 탐구하며 문제를 해결하기 때문입니다. 이 과정에서 내적동기는 물론 자신의 능력을 믿고 행동하는 자기효능감, 대화를 나누는 과정에서 의사소통 능력과 자기 표현 능력 등을 함께 배울 수 있는 미래역량 교육에 가장 적합한 교육 방법입니다.

질문 놀이는 어떻게 하는 걸까

질문 놀이는 크게 2가지 형태로 나눕니다. 아이들의 질문 능력을 키우는 질문 놀이와 아이들의 일상(놀이) 속 질문 놀이입니다.

	질문 능력을 키우는 질문 놀이	일상(놀이) 속 질문 놀이
목표	질문 능력 및 질문하는 태도 함양	사고력, 창의력, 문제해결력, 탐구심, 주도성 등 향상 지원
정의	질문 유형을 익히고, 게임, 퀴즈, 대화 나누기 등을 통하여 질문 능력을 키우기 위한 놀이	놀이 시간 및 일상생활 속에서 생긴 질문에 아이들이 스스로 문제를 해결하기 위해 하는 놀이
핵심기법	다양한 질문 만들기	질문 해결하기 (상상, 탐구, 추측, 실험, 시도하기 등 다양한 방법을 통한 질문 해결하기)
주요 질문자	아이	교사, 아이들

1. 질문 능력을 키우는 질문 놀이

　질문 능력을 키우는 질문 놀이는 아이가 다양한 질문을 직접 해 보는 데 초점을 둡니다. 일상 속 질문 놀이는 질문을 통하여 아이의 호기심과 주도성, 문제해결력, 창의성 등을 키운다면, 질문 능력을 키우는 질문 놀이는 말 그대로 아이가 직접 질문하며 질문 능력을 키우는 놀이입니다. 유대인이 아이들에게 "네 질문이 뭐야?" 하고 물으며 질문 자체를 중요시 여기듯 아이가 하는 질문에 중점을 두는 놀이입니다. 질문하는 것도 처음에는 쉽지 않기 때문입니다. 특히 창의적이고 핵심적인 질문을 하는 것은 더욱 어렵습니다. 어릴 적부터 질문 놀이를 통해 다양한 질문을 거리낌없이 해 보는 경험은 중요합니다. 질문을 많이 해 볼수록 점점 핵심적인 질문을 할 수 있게 되기 때문이죠. 핵심적인 질문을 할 수 있는 능력은 ChatGPT 시대를 살아가는 아이들에게 꼭 필요한 능력입니다. 반복적인 질문 놀이를 통하여 어릴 적부터 질문하는 능력과 태도를 길러 주는 것은 미래 사회를 살아가는 아이들에게 꼭 필요한 일입니다. 이는 당연하다고 생각하는 것을 낯설게 보고, 새로운 질문을 던지며, 세상을 혁신적으로 변화시키고 있는 스티브 잡스나 일론 머스크와 같은 미래 인재로 성장할 수 있도록 도와줄 것입니다.

2. 일상(놀이) 속 질문 놀이

일상생활 혹은 놀이 중에 질문하는 방법입니다. 교사의 질문을 통해 아이의 호기심을 확장시키고 생각하는 힘을 기를 수 있습니다. 또 다양한 방법으로 놀이를 확장하거나 문제를 해결할 수도 있습니다. 사례를 같이 살펴보도록 할까요?

미술 영역에서 셀로판지를 이용하여 만들기를 하고 있었습니다. 그때 지호가 빨간색, 파란색 셀로판지를 두 눈에 겹쳐 가져다 대고는 "보라색이다."를 외친 뒤 교사를 불렀습니다.

지호	선생님, 빨강과 파랑이 섞이면 보라색이 돼요.
아이들	맞아. 빨간색이랑 파란색이 섞이면 보라색이 돼.
교사	빨간색과 파란색이 섞이면 모두 똑같은 보라색이 될까요? → 질문으로 호기심 확장
아이들	네, 빨간색과 파란색을 섞으면 모두 똑같은 보라색이 돼요.
교사	우리 같이 보라색을 만들어 볼까요? → 호기심 해결 방법으로 놀이 제안
아이들	네.

교사는 빨간색과 파란색 물감, 약통, 스포이드를 준비해 주었습니다. 아이들은 자유롭게 빨간색과 파란색 물감을 스포이드로 약통에 담은 후 흔들어 섞어 보라색을 만들었습니다. 여러 개의 약통에 보라색을 만든 뒤 친구들과 서로 비교해 보니 진한 보라색, 푸른빛이 더 짙은 보라색, 붉은빛이 더 많은 보라색 등 보라색도 조금씩 차이가 있다는 것을 발견하였습니다.

지호	어! 보라색이 다 다르네.
지민	이건 더 진해.
교사	왜 색의 차이가 날까요? → 질문으로 추측하기
민수	알 것 같아요. 물감 양이 조금씩 달라요.

   이처럼 놀이 상황에서 예상하지 못한 교사의 질문은 아이들의 호기심과 흥미를 자극하고, 놀이를 확장하며, 아이의 사고력, 주도성, 문제해결력을 키워 줍니다. 일상 속 질문 놀이에서는 아이들의 놀이를 관찰하는 것이 중요합니다. 아이의 놀이를 이해하고, 배움의 의미가 있는 지점을 찾아 질문할 수 있기 때문입니다. 관찰 시 교사는 "지금 저 아이가 무슨 놀이를 하고 있는 거지?" "다음은 어떻게 놀이하려고 하지?"와 같이 따뜻한 시선으로 아이들을 바라볼 수 있어야 합니다.

   "교실을 어지럽히는 것 아니야?" "위험한 행동을 하는 것 아니야?" 등의 부정적인 시선은 아이의 놀이를 제한하기 쉽습니다. 물론 위험한 상황에서는 아이의 행동을 멈추고 "선생님 보기에 지금 위험해 보이는데, 괜찮은 건가요?"와 같은 질문을 통해 주의를 환기시키는 것은 필요합니다. 그러나 교사가 안전에 대한 지나친 걱정과 염려로 아이들의 놀이를 제한하지 않도록 유의해야 합니다. 또 질문이 중요하다고 해서 놀이 중에 불쑥 질문하여 놀이의 흐름을 방해하는 것도 조심해야 합니다. 아이들이 놀이하는 중에는 방해되지 않게 잠시라도 관찰을 한 후에 질문하는 것이 좋습니다. 물론 관찰하지 않고 바로 질문해야 할 때도 있습니다. 아이에게 궁금한 것을 물어보거나, 관심을 표현하거나, 아이의 호기심을 유발하기 위해서 질문할 때 등 상황에 따라 다릅니다. 이렇게 의미 있는 지점을 판단해서 상황에 적절한 질문을 하기 위해서는 당연히 교사의 질문하는 능력이 중요하겠죠? 이는 놀이를 관찰하면서 놀이의 의미를 찾아 분석해 보는 연습을 통해 길러질 수 있습니다.

   다음으로 일상생활 속에서 겪는 갈등 및 문제 상황에서의 질문은 아이들 스스로 문제를 해결하는 능력을 길러 줍니다. 예를 들어, 친구와 자리로 갈등을 일으키는 아이에게 "서로 떨어져서 앉아!" 하고 답을 주는 것이 아니라 "서로 부딪히지 않고 편안하게 앉으려면 어떻게 해야 할까요?" 하고 질문을 하는 것입니다. 아이 스스로 생각하여 해결 방안을 찾을 수 있도록 교사는 질문으로 지원하는 것이지요.

정리하자면 일상 속 질문 놀이는 아이의 삶 속에서 생긴 질문을 놀이를 통해 아이가 스스로 답을 찾고, 문제를 해결하며 주도적으로 배움을 이끄는 놀이입니다. 즉 미래 사회를 살아갈 우리 아이들에게 필요한 역량을 길러 주기 위해 꼭 필요한 배움의 방식입니다.

2장

질문 놀이를 위한 기초 다지기

질문하는 교실 문화 만들기

　유대인은 전 세계 인구의 0.2%에 불과하지만 역대 노벨상의 22%를 수상한 민족입니다. 또한 예술, 과학, 금융, 정치, 경제 등 다양한 분야에서 세계의 리더로 영향력을 발휘하고 있습니다. 덕분에 유대인의 교육은 세계 많은 사람들의 관심을 받아 왔습니다. 〈KBS 스페셜 세계탐구기획〉의 '유태인' 편에서 유대인은 자신들만의 특별한 교육법을 '질문하는 문화'라고 소개하였습니다. 왜 그들은 교육이 아닌 문화라고 말할까요?

　사전적 의미를 살펴보면 문화란 한 사회의 주요한 행동 양식이나 상징 세계를 말합니다. 교육은 개인이나 집단이 가진 지식, 기술, 가치관 등을 대상자에게 가르치고 배우는 활동으로 정의합니다. 의미를 해석해 보면 학교에서 질문으로 가르치고 배우는 것을 넘어서 유대인은 삶 속에서 끊임없이 질문하고 대화하고 토론하며 살아가고 있다는 뜻입니다. 사실 그들이 일상생활 속에서 끊임없이 질문을 했던 이유는 생존과 연결되어 있습니다. 그들은 핍박받았던 역사를 살아오며 종교의 힘으로 견뎌 왔습니다. 『토라』(유대교의 경전)와 『탈무드』를 읽고, 구절 안에 담긴 의미를 질문하고 생각을 나누며 삶의 지혜를 터득하였습니다. 유대인은 고난의 역사 속에서 살아남기 위해, 자신과 가족, 민족을 지키기 위해, 엄격한 유대교의 규율을 지키기 위해 삶 속에서 "어떻게 살아가야 하지?"를 끊임없이 질문하며 얻은 삶의 지혜로 살아왔습니다. 질문이 곧 그들의 생존 방식이자 삶인 것입니다.

바야흐로 질문하지 않으면 살아남기 힘든 대질문의 시대가 되었습니다. 우리도 유대인처럼 교육을 넘어 삶 속에서 질문하는 문화를 만들어야 앞으로 살아남을 수 있습니다. 그 시작은 가정과 유아교육기관입니다. 유아교육기관은 아이들이 처음 다니는 학교로 배움의 장이자, 친구들과 놀이하며 생활하는 삶의 터전입니다. 삶의 터전에서 만나는 교사는 아이들에게 부모 다음으로 중요한 영향을 끼치는 존재입니다. 교사가 바뀌면 아이들의 삶도 바뀔 수 있습니다. 교사 스스로 자신의 영향력에 대한 무거운 책임감을 가져야 하는 이유입니다.

아이들이 자신의 삶의 주인공으로 주도적으로 살아갈 수 있도록 질문 놀이를 통해 지원하려는 마음이 생기셨다면 그것만으로 충분히 가치 있는 일을 선택하신 것입니다. 그러면 질문 놀이를 하기 위해서는 어떻게 해야 할까요? 먼저 교육을 넘어 질문하는 교실 문화를 조성해야 합니다. 교사와 아이, 또래 간의 교실 분위기는 질문 놀이에서 매우 중요한 요소이기 때문입니다. 그럼 질문하는 교실 문화 조성을 위한 교사의 역할이 무엇인지 자세히 알아보도록 하겠습니다.

따뜻한 질문으로 관계 맺기

질문은 관계의 시작입니다. "이름이 뭐예요?" "차 한 잔 하실래요?" "아침 식사 했어요?" "어디 사세요?" 등 우리는 질문과 답을 주고받으며 서로를 알아가고, 그 과정에서 마음을 열고 관계를 맺습니다. 이처럼 질문은 단순히 궁금한 것을 물어보는 것 이상의 의미를 지닙니다.

질문은 관심의 시작입니다.

누군가에게 관심이 생기면 그 사람이 궁금해지기 마련입니다. 상대방에 대해 좀 더 자세히 알고 싶어지면서 '저 사람은 무엇을 좋아할까?' '저 사람은 어떤 사람일까?' 등 자연스럽게 여러 질문이 떠오릅니다.

그럼 반대로 질문을 먼저 떠올리고 누군가를 바라본다면 어떨까요? '저 아이는 지금 무엇을 하고 있을까?' '이 아이에게는 어떤 도움이 필요할까?' 하고 질문을 떠올리고 바라보았을 때 대상을 더 관심 있게, 자세히 살펴보게 됩니다. 질문은 하는 것만으로 대상에 대한 관심을 갖게 하고, 좀 더 구체적이고 자세하게 관찰하게 만들어 줍니다. 이는 우리 주변의 사물, 상황, 사건 등에도 마찬가지입니다. 교사가 질문을 통해 아이들을 바라보아야 하는 이유이기도 합니다.

질문은 관심의 표현입니다.

"아침밥 먹고 왔어요?" "제가 도와 드릴까요?"

흔한 인사말 같지만 이러한 질문은 마음을 따뜻하게 만들어 줍니다. 나를 향한 관심으로 받아들이기 때문입니다. 관심이 없다면 아침을 먹고 왔는지, 도움이 필요해 보이는지 상관하지도 않겠지요. 질문은 이렇듯 상대방에게 마음을 전하는 또 다른 표현입니다.

따뜻한 교사의 질문은 아이들을 신나게 합니다.

"지금 무슨 놀이를 하고 있어요?"

"무엇을 만들었어요?"

"주말에 무얼 했어요?"

"무슨 일 있어요?"

교사의 질문에 아이들은 금세 수다쟁이가 됩니다. 분명 한 아이에게 질문했는데, 그 모습을 지켜보던 주변의 아이들이 어느새 하나둘씩 교사에게 다가옵니다. 그러고는 물어보지도 않는데 자신들의 이야기를 신이 나서 합니다. 아마도 이런 풍경은 교실에서 자주 볼 수 있을 것입니다. 이렇듯 유아기 아이들은 질문을 통해 자신의 경험과 지식을 공유하며 상대에게 친밀감을 느낍니다.

이렇듯 질문은 마음을 여는 열쇠입니다. 질문을 통해 관심을 표현하며 새로운 관계를 맺거나 좀 더 애정 어린 관계가 되기도 합니다. 질문만 잘해도 좋은 관계가 될 수 있는 거지요. 그러나 모든 질문이 다 그런 것은 아닙니다. 구멍에 맞는 열쇠에만 문이 열리듯 마음도 마찬가지입니다.

상대방이 불쾌한 질문은 맞지 않은 열쇠일 뿐입니다. "다른 친구들은 약속 잘 지키는데, 너만 왜 그래?" "선생님한테 혼나 볼래?" "그래서 네가 잘했다는 거야?" 등 비교하거나 비난, 비아냥거리는 질문 등이 그렇습니다. 이러한 질문은 오히려 마음에 큰 상처를 주고 관계를 멀게 합니다. 또한 상대방이 불편하거나 부담스러워하는 질문도 삼가야 합니다. 즉, 질문을 할 때도 배려가 있어야 합니다.

그러나 우리는 "선생님이 시킨 것 다 했어요?" "양치질 했어요?" 등과 같이 아이들을 점검하는 확인 질문을 많이 합니다. 교사의 질문이 확인 질문이 주가 되면 아이들은 교사의 질문이 점점 무서워지고 피하고 싶어집니다. 그 일을 제대로 수행하지 못했을 때 야단맞을까 봐 걱정되기 때문입니다. 물론 이런 질문이 잘못된 것은 아닙니다. 교사가 확인 질문만을 주로 하는 것이 문제이지요.

교사로서 학급의 아이들에게 따뜻한 관심의 질문을 많이 하는지, 아니면 확인 질문을 많이 하는지 점검해 볼 필요가 있습니다. "좋은 인간관계는 서로에 대한 배려와 관심에서 시작한다."고 에이브러햄 링컨(Abraham Lincoln)이 말했습니다. 인간관계의 시작은 관심이고, 이는 곧 질문입니다. 따라서 우리는 교사와 아이, 아이와 아이, 교사와 학부모 등 다양한 관계 속에서 배려가 담긴 질문으로 관심을 표현하며 따뜻한 관계로 거듭날 수 있도록 노력해야 합니다.

질문으로 참여시키고 아이를 존중하기

'마따호쉐프'는 "네 생각은 뭐니?"란 뜻으로 유대인 부모나 교사들이 가장 많이 하는 질문이라고 합니다. 얼핏 보면 단순히 아이의 생각을 묻는 것 같지만 여기에는 중요한 의미가 있습니다. 아이를 동등한 인격체로 존중한다는 뜻입니다. 인격체로 존중한다는 것은 아이도 공동체의 한 일원으로 참여시키고 생각을 발언할 기회를 주는 것, 아이의 의견을 하찮게 여기지 않고 존중하여 듣는 것입니다.

유대인은 100명의 사람이 있다면 100개의 답이 있다고 생각합니다. 생각의 범위를 제한하지 않고, 생각의 다양성과 차이를 존중해 주는 것입니다. 이에 아이의 의견을 들을 때도 '맞다', '틀리다'로 쉽게 평가하지 않고, 엉뚱한 대답이라도 수용하며 "왜 그렇게 생각해?"라는 꼬리 질문으로 아이가 생각의 근거와 이유를 설명하게 한다고 합니다. 자신의 생각을 뒷받침하는 논리를 함께 기를 수 있도록 돕는 것입니다. 이러한 다양성에 대한 존중이 아이들의 생각과 태도를 유연하게 하여 창의적인 인재로 자라나게 하는 것이지요.

그렇다면 우리나라의 문화는 어떤가요? 유교 사상, 특히 장유유서의 문화가 남아있는 우리나라에서는 아직도 어른과 아이를 동등한 인격체로 보지 않는 경우가 많습니다. "어른들 이야기에 끼어드는 것 아니야." "네가 뭘 안다고 그래." 하며 아이는 어른보다 부족한 존재, 대화에 동참할 수 없는 존재로 구분 짓습니다.

반대로 최근 저출산으로 자녀가 귀해지다 보니 동등한 인격체가 아닌 부모가 떠받들어야 하는 존재로 여기는 경우도 많습니다. 유아교육기관에서도 마찬가지입니다. 놀이중심 교육과정을 운영하면서 아이들이 원하면 무엇이든지 다 들어줘야 하는 걸로 오해하는 경우가 있습니다. 이러한 바탕에는 아이들의 의견을 모두 수용해 주는 것이 존중이라고 생각하기 때문입니다. 그래서 아이들이 원하면 무엇이든 다 사주고, 색종이, 보석스티커 등을 함부로 낭비하며 모두 내주기도 합니다. 다른 아이들의 놀이에 불편함을 주지만 놀이의 확장으로 이해하여 교사가 지나칠 때도 있습니다. 과연 이런 것이 존중일까요?

무조건적 수용과 존중은 분명 다릅니다. 자신과 타인을 동등하게 존귀한 존재로 여기면서 스스로의 행동에 책임을 질 수 있어야 진정한 존중이 될 수 있습니다. 거기에는 아이들이 만나는 자연과 동식물, 물질 등도 포함됩니다.

아이들을 좋다, 나쁘다 등으로 판단하지 않고 존재 자체로 다양한 생각을 존중하되, 교사가 명확하게 지도해 줘야 할 부분이 있습니다. 예를 들어, 안전 문제와 다른 사람을 방해하거나 불편하게 하는 경우입니다. 도덕적·윤리적으로 문제가 되는 경우도 포함입니다. 이럴 때는 아이의 행동을 단호하게 멈춘 뒤, "다른 친구의 놀이에 방해가 되지 않으려면 어떻게 해야 할까요?" 하고 질문하며 다른 사람을 존중하며 놀이하는 태도를 함께 길러 줘야 합니다.

따라서 교사는 아이들을 공동체의 구성원으로서 존중하며 다양한 의견을 낼 수 있도록 기회를 줘야 합니다. 아이들의 다양한 생각에 귀 기울여 들어주고, 친구들과 서로 의견을 주고받으며 함께 결정하고, 자신의 선택에 스스로 책임질 수 있도록 도와줘야 합니다. 이때, 교사는 아이들의 의견에 꼬리 질문을 하며 아이들이 생각의 근거를 찾고, 스스로 더 합리적인 선택을 할 수 있도록 격려해야 합니다. 이러한 과정을 반복하며 아이들은 민주시민으로 성장할 수 있을 것입니다.

판단하기 전에 질문하기

아이들과 생활하다 보면 다툼은 일상입니다. 조금 과장해서 삼십 분마다 한 번씩 "선생님, ○○이 때렸어요." "○○이 나랑 안 놀아 줘요." 하며 민원을 제기합니다. 발달 특성상 개별적인 차이가 있지만 2세 이전의 아이들은 친구가 곁에 있지만 상호작용은 하지 않는 병행 놀이를 합니다. 3세 정도가 되어서야 친구와 상호작용하며 함께 놀기 시작합니다. 당연히 양보하기, 타협하기, 순서 지키기 등과 같은 사회적 기술이 발달되어 있지 않습니다. 교사나 부모, 또는 손위 형제가 자신에게 맞춰 주며 놀이해 본 경험이 대부분인 아이들에게 자신에게 맞춰 주지 않는 또래와의 놀이는 아이 입장에서는 굉장히 낯설고 불편한 상황인 셈입니다.

이러한 갈등 상황 속에서 교사가 흔히 하는 실수가 있습니다. 교사가 판단하고 모두 해결해 주려고 하는 것입니다. 교사는 왜 아이들의 갈등을 직접 해결해 주려 할까요? 아마도 아이들이 사이좋게 지내기를 바라는 마음 때문이겠지요. 그리고 싸우는 것은 나쁜 행동이라는 인식도 있을 수 있습니다. 또 아이들의 갈등을 빨리 해결하고 싶은 마음도 있겠지요. 그래서 가장 손쉽게 해결하는 방법, 즉 판사가 되는 것을 선택합니다.

"친구 때리면 되나요, 안 되나요?"

"○○이 잘못했어요. 사과해요!"

문제 상황에서 잘못 유무, 잘못의 비중, 사과하는 방법 등을 교사가 주관적으로 판단하여 해결합니다. 이는 다음과 같이 억울한 상황이 생길 수도 있고, 또 각자의 감정이 해결되지 않을 수도 있어 조심해야 합니다.

태형이는 친구들과 놀이하다가 뭔가 마음에 들지 않으면 친구를 때리는 아이였습니다. 하루에도 몇 번씩 반 아이들이 "선생님, 태형이가 저 때렸어요." 하며 도움을 청했습니다. 어느 날, 한 여자아이가 와서 아픈 표정을 지으며 태형이가 때렸다고 말했습니다. 순간적으로 자꾸 문제를 일으키는 태형이에게 짜증이 났습니다. "너 친구를 또 때렸어?"라는 말이 목구멍까지 치밀어 올라왔습니다. 그러나 꿀꺽 말을 삼키고 질문했습니다.

"친구가 태형이가 때렸다고 말하는데 어떻게 된 일인지 설명해 줄 수 있어요?"

"아니 그게 아니고, 장난감 이렇게 들었는데 애가 지나가다 부딪쳤어요."

이야기를 들어 보니 태형이는 블록으로 비행기를 만들어, 비행기가 날아가는 시늉을 하며 놀이하고 있었습니다. 마침 그 옆을 지나가던 친구가 비행기 모서리에 팔을 맞은 것입니다.

"지희야, 블록에 부딪친 게 맞아요? 태형이 이야기 들어 보니 어때요?"

지희는 맞다며 고개를 끄덕였습니다.

"태형이가 때린 건 아니에요."

지희는 태형이에 대한 오해가 풀렸는지 하던 놀이를 하러 갔습니다.

인간의 행동 내면에는 욕구가 있습니다. 욕구는 겉으로 드러날 때도 있지만, 표현이 서툰 아이에게는 감춰져 있을 때가 많습니다. 친구를 계속 따라다니는 아이가 있었습니다. 이때, 친구를 따라다니는 행동 안에 담긴 내면의 욕구는 아이에 따라서, 또는 상황에 따라서 다를 수 있습니다. 단지 장난을 치고 싶어서일 수도 있고, 친구와 함께 놀이하고 싶어서일 수도 있습니다. 아이의 행동만을 보고 판단하지 않고, 아이의 욕구를 찾아 아이를 이해하고, 적합한 행동을 가르쳐 주는 것이 욕구 코칭입니다.

그런데 아이들 중에는 자신의 행동을 설명하기 어려워하는 경우가 더 많습니다. "그냥요." 하며 이유를 정확히 설명하지 못합니다. 아이 발달 특성상 아직 자신의 생각과 감정을 말로 표현하는 것이 서툴기 때문입니다. 이럴 때는 아이의 욕구를 교사가 찾아 줄 수 있습니다.

"친구와 함께 놀고 싶었어요?"

"친구에게 하고 싶은 말이 있었던 거예요?"

이렇듯 아이의 욕구를 유추해서 물어보는 것입니다. 질문을 통해 아이의 욕구를 찾았다면 아이의 행동이 적절했는지, 어떻게 행동해야 하는지 질문을 합니다.

"친구와 놀고 싶을 때 친구를 계속 쫓아다니는 것은 좋은 방법일까요?"

"친구와 놀고 싶을 때는 어떻게 해야 할까요? 어떻게 말하면 좋을까요?"

이러한 과정은 교사가 혼자 판단하고 지도하는 것보다 시간이 더 걸리고, 더 많은 에너지가 필요합니다. 하지만 교사의 섣부른 판단과 쉬운 해결은 아이를 제대로 이해하지 못하고 아이와의 관계를 망칠 수 있습니다. 아이의 변화는 아이를 진심으로 이해하고, 아이를 이해하려는 교사의 진심이 아이에게 전해질 때야 비로소 시작됩니다. 교사가 먼저 아이의 욕구를 찾아 아이를 이해하려는 노력이 먼저입니다.

이는 놀이 시간에도 마찬가지입니다. 아이의 놀이를 교사가 보이는 대로 판단하고 명명하면 아이 개인의 흥미와 놀이의 흐름을 온전히 이해할 수 없습니다. 그래서 적절한 질문이 중요합니다. 교사는 판단하기 전에 질문을 통해 아이의 행동과 욕구, 관심 등을 이해하고, 이에 적합한 행동이 무엇인지 안내하는 역할, 놀이를 지원하는 역할, 즉 코칭을 해야 합니다.

스스로 답을 찾도록 질문하고 기다려 주기

역할놀이에서 카페 놀이를 하기 위해 아이들은 카페 꾸미기를 하고 있었습니다. 민희가 조화 꽃다발을 연필꽂이에 꽂아 소꿉놀이 탁자에 올려놓았습니다. 그런데 꽃이 담긴 연필꽂이가 자꾸 옆으로 쓰러지자 민희가 교사에게 와서 도움을 요청했습니다.

"선생님, 이게 자꾸 쓰러져요. 도와주세요."

교사는 방법을 가르쳐 주는 대신 다시 질문을 하였습니다.

"어떻게 하면 안 쓰러질 수 있을까요? 한번 고민해 볼까요?"

교사가 단번에 해결해 줄 것을 기대했는데 고민해 보라는 말에 민희는 좀 당황한 눈빛입니다. 교사가 너무 불친절하다고요? 하지만 불친절한 교사 덕분에 아이들은 생각하기 시작했습니다. 다른 물건을 연필꽂이 옆에 세워 보기도 하고, 꽃을 조금만 넣어 보기도 하고, 꽃줄기 부분을 구부려 연필꽂이에 넣어 보기도 하고요. 아이들은 다양한 방법을 고민하고 시도해 보며 문제를 해결하려고 노력하였습니다. 교사는 그저 묵묵히 아이들의 모습을 지켜보았습니다. 잠시 후, 아이들은 표정이 상기되어 교사를 불렀습니다.

"선생님, 꽃병 세웠어요."

"어떻게 했어요?"

교사는 함께 기뻐하며 물어보았습니다. 그러자 정국이가 말했습니다.

"여기 안에다 제가 보석을 넣었어요."

안을 들여다보니 역할놀이에 있는 색 조각을 연필꽂이 안에 넣어 무게중심을 잡은 것이었습니다. 무게중심을 아래쪽에 두면 넘어지지 않는다는 것을 발견한 아이들이 무척 대견스러웠습니다.

아이들이 주도적으로 배우기 위해서는 교사의 설명과 친절함보다는 질문과 불친절한 기다림이 필요합니다. 그러나 교사들은 너무 친절합니다. 아이들이 스스로 답을 찾아가며 문제를 해결할 수 있도록 기회를 주지 않고, 모르는 것은 자세히 가르쳐 주고 어려워하는 것은 친절하게 해결해 줍니다.

아이들을 기다려 주지 못하는 때가 또 있습니다. 아이들에게 질문하고 생각할 시간을 주지 않는 것입니다. 아이가 교사의 질문에 "음…" 하고 시간을 끌 때 선생님들은 어떻게 하나요? 필자 또한 이런 경우 "좀 더 생각해 볼까요?" 하고 양해를 구하고 다른 아이의 대답을 먼저 듣는 경우가 많았습니다. 또는 "이걸까?" 하고 아이의 생각을 추측해서 말하거나 정답을 말해 줄 때도 있었습니다. 그럼 아이는 맞다는 듯 고개를 끄덕였고, 그러면 왠지 마음이 편해져 다음으로 넘어갈 수 있었습니다. 계획한 수업을 시간 안에 마쳐야 하니 바쁜 마음에 기다려 주지 못한 것이지요. 사실 그 아이는 생각할 시간이 필요했을 수도 있습니다.

교사가 기다려 주지 못하는 아이의 이 시간은 매우 중요합니다. 〈tvn Shift 2020〉 6부 '질문으로 자라는 아이' 편에 소개된 미국의 실리콘밸리의 초등학교에서는 아이들에게 생각하는 시간을 먼저 주고 질문에 답하도록 지도한다고 합니다. 즉답을 하지 않도록 하는 것이지요. 즉답을 하는 경우 실수하기 쉽고, 깊이 있는 사고를 하지 못하기 때문이라고 합니다. 그래서 어릴 때부터 생각을 먼저 하고 대답하기를 훈련시킵니다. 오히려 아이들이 "음…" 하고 생각할 시간을 주고, 대답하는 습관을 길러 주는 것이지요.

AI 시대에는 깊게 고민하고, 방법을 찾고, 탐구하는 태도가 더욱 중요해지고 있습니다. AI가 보여 준 정답을 그대로 받아들이기보다 비판적 사고를 통해 오류를 발견하고 개선하여 AI를 더욱 발전시키는 것이 인간의 역할이기 때문이지요. 이러한 역할을 잘하려면 깊이 생각하는 습관이 필요합니다. 이를 위해서 어릴 적부터 스스로 고민하며 문제를 해결해 보는 경험이 중요합니다. 이에 교사는 아이들에게 다양한 질문으로 방향을 제시해 주고, 스스로 해결할 수 있도록 충분한 시간을 줘야 합니다.

질문으로 호기심 키우기

찰칵 셔터를 누르면 잠시 후 사진이 나오는 폴라로이드 카메라가 어떻게 만들어졌는지 아시나요? 폴라로이드는 물리학자였던 에드윈 랜드(Edwin H. Land) 박사의 세 살짜리 딸의 질문으로 만들어졌습니다. 에드윈 랜드 박사 가족이 산타페 지역에서 휴가를 보내고 있을 때였습니다. 가족의 사진을 찍어 주는 그에게 딸 제니퍼는 "아빠, 왜 사진을 찍으면 바로 볼 수 없어요?"라고 질문을 했다고 합니다. 제니퍼의 질문에 에드윈 랜드 박사는 '사진을 찍어 바로 볼 수 있는 카메라를 만들면 어떨까?'라는 생각으로 연구를 시작하였다고 합니다. 그리고 수많은 시행착오를 거친 후, 마침내 1948년 폴라로이드 카메라를 만들어 세상에 공개하였습니다. 그 전에는 사진관에 맡겨 인화해야 사진을 볼 수 있었기에 폴라로이드의 출현은 그야말로 혁신적이었습니다. 한 아이의 호기심이 세상의 변화를 가져오게 한 것이지요. 이처럼 질문은 새로운 것을 창조하고 세상의 변화를 만드는 시작점이라고 할 수 있습니다.

제니퍼처럼 우리 아이들이 주변의 것들을 당연하게 생각하지 않고 호기심을 가지고 질문한다면 어떨까요? 아마도 세상의 크고 작은 변화를 이끄는 사람으로 성장할 수 있을 것입니다. 그러한 인재로 성장할 수 있도록 아이들을 어떻게 도와야 하는지 알아보겠습니다.

첫째, 아이들이 만나는 다양한 세상에 대해 호기심과 궁금증을 가지고 탐색할 수 있도록 다양한 질문을 합니다. 이때 단순히 이름과 사실을 물어보는 질문보다는 상상력을 키울 수 있는 질문이 좋습니다. 예를 들어, "이 곤충 이름이 뭐예요?"라는 질문보다는 "지금 개미는 어디를 향해 가고 있을까요?" "이 개미는 집이 어딜까요?" "개미의 집 속에는 누가 살고 있을까요?" "만약 ○○이 개미가 된다면 어떤 점이 좋을 것 같아요?" 등 호기심을 자극하는 질문이 좋습니다. 또한 "개미를 발로 밟는다면 어떨까요?" "○○이 만약 개미라면 누군가 내 집을 발로 밟으면 어떨 것 같아요?" 등 개미를 대하는 태도에 대한 질문도 함께 해 주는 것이 좋습니다. 이렇게 아이들이 삶 속에서 만나는 환경, 물질, 사람, 자연 등에 대해 함께 이야기를 나누며 호기심을 가지고 질문하는 모델링을 보여 주어야 합니다.

둘째, 아이의 질문을 유도하는 것입니다. "○○은 궁금한 게 뭐예요?" "더 알고 싶은 것은 뭐가 있어요?" 등 아이가 궁금한 것을 질문하는 습관을 길러 줘야 합니다. 수수께끼 놀이, 스무고개처럼 질문 놀이를 하며 아이들이 자연스럽게 질문하는 것도 좋은 방법입니다. 아이의 연령에 따라 OX퀴즈도 좋습니다. 교사가 먼저 모델링을 해 주면 아이들도 금세 문제를 만들어 냅니다.

마지막으로, 아이들의 질문과 대답에 긍정적인 반응을 보여 주세요. 조금은 엉뚱한 질문에도 "우와! 선생님은 생각해 보지 못한 질문이네!" "생각을 많이 하게 하는 좋은 질문이네." "○○이 질문을 듣고 선생님도 더 자세히 알고 싶어졌어요." 등 아이의 질문과 대답에 긍정적으로 피드백을 해 줍니다.

천재적인 물리학자 아인슈타인(Albert Einstein)은 "나는 특별한 재능이 있는 것이 아니고, 단지 호기심이 굉장히 많다."고 했습니다. 호기심은 세상을 탐구하고, 의미를 발견하고, 새로운 것을 창조해 가는 원동력이 됩니다. 교사는 아이들이 삶 속에서 끊임없이 호기심을 갖도록 질문하고, 질문을 통해 새로운 생각을 하고, 나아가 새로운 것을 창조해 나갈 수 있도록 도와줘야 합니다.

정답보다는 질문을 격려하기

대부분의 교사들은 "오늘 아침 뭐 먹고 왔어요?"처럼 일상 안부를 묻는 질문부터, 아이들의 생각과 경험, 또는 알고 있는 지식을 묻는 질문까지 매일 다양한 질문을 합니다. 주로 교사가 질문하고 아이들이 답을 하는 경우가 많습니다. 이에 비해 유대인은 "너는 어떤 질문이 있니?" 하며 아이들이 궁금한 점, 이해되지 않는 부분 등을 질문하도록 합니다. 유대인은 수업을 잘 듣는 것도 중요하지만, 궁금한 것을 묻고 함께 토론하는 것을 더 중요하게 생각하기 때문입니다. 이를 통해 아이들은 자신이 알고 있는 것과 모르는 것을 명확하게 구분할 수 있으며, 토론하는 과정에서 사고의 폭을 넓힐 수 있습니다.

아이 입장에서 어떤 질문이 있냐고 물어본다면 어떨까요? 아마도 질문 거리를 생각하며 교사의 설명을 귀 기울여 듣고, 자신이 이해한 것과 이해되지 않은 부분을 머릿속으로 정리한 후 적절한 표현을 찾아 질문할 것입니다. 질문하는 것만으로도 뇌는 활발한 활동을 하며 발달합니다.

인간의 뇌에 관한 연구 중 주목해야 할 부분이 있는데, 바로 '신경 가소성' 입니다. 신경 가소성이란 경험이나 지식이 쌓이면 뇌가 새로운 경험, 학습, 손상에 대응해 자신의 구조와 기능을 변화시키는 능력을 말합니다. 덕분에 우리는 새로운 것을 배우고 기억할 수 있습니다.

신경 가소성의 특징 중 하나는 '습관화' 입니다. 이는 반복적인 양성 자극에 대해 반응이 감소한다는 것입니다. 쉽게 말해, 반복하여 익숙해질수록 뇌의 반응이 둔해진다는 뜻입니다. 예를 들어, 익숙한 상황에서의 반복적인 경험, 비슷한 의견과 반복적인 질문과 대답하기, 무조건 외우기 등의 경우 뇌의 반응은 점차 줄고, 오히려 뇌에 스트레스가 될 수도 있습니다. 질문만 해도 뇌가 발달하지만, "숙제 다 했어?"처럼 반복적으로 하는 질문은 스트레스가 된다고 합니다. 뇌 발달을 위해서도 새롭고 다양한 질문이 필요한 것입니다.

이제 우리 교육도 아이가 내놓는 '정답이 아닌 질문'에 관심을 가져야 할 때입니다. ChatGPT 시대를 살아가야 하는 아이들에게는 스스로 궁금한 것을 찾고, 필요한 정보를 얻기 위해서 핵심 질문을 하는 능력이 매우 중요하기 때문입니다. 질문 능력을 키워 주기 위해서는 먼저 아이가 편안하게 질문하고 대답할 수 있는 분위기를 만들어 줘야 합니다. 또, 교사에게 궁금한 점이나 이해가 안 되는 부분은 질문하도록 하고, 아이의 대답을 들은 후에는 꼬리 질문을 하며 아이가 알고 있는 것과 모르는 것을 스스로 파악하고, 자신의 생각을 논리적으로 정리할 수 있도록 도와줍니다. 이때, 아이가 스스로 질문을 하면 "좋은 질문이에요." "궁금한 것이 있구나. 질문한 건 정말 잘한 거야."와 같이 질문하는 행동 자체를 격려해 주는 것이 좋습니다. 또 질문의 내용에 대해서도 "아, 이런 질문은 너무 창의적인 것 같아요." "선생님은 생각해 보지 못한 질문인데요?" 하며 질문의 내용을 격려하여 아이가 질문하는 것 자체에서 성취감을 느낄 수 있도록 도와주세요.

질문과 함께 의사소통 능력 키우기

다른 사람과 소통하는 과정에서 질문은 매우 중요합니다. 질문을 주고받으며 자신의 생각이나 경험, 감정 등을 말로 표현하고, 상대방의 이야기를 들으며 적절하게 반응하는 과정에서 의사소통 능력을 키울 수 있기 때문입니다. 특히, 질문 놀이를 할 때에는 의사소통 방법을 미리 알려 주고 놀이하기 때문에 긍정적인 의사소통 기술을 익힐 수 있습니다. 그러면 필자가 질문 놀이할 때 아이들에게 지도하는 의사소통 기술을 소개하겠습니다.

경청의 태도

경청은 사전적 의미로 '남의 말을 귀 기울여 주의 깊게 듣다.' 라는 뜻을 가지고 있습니다. 경청은 다른 사람과의 소통에서 가장 중요한 요소입니다. 상대방의 이야기를 이해하고, 의견을 존중하며 상대방의 감정까지 이해하는 데 중요한 연결고리가 되기 때문입니다. 경청은 인간관계에서 꼭 갖춰야 할 덕목이기에 유아기부터 경청하는 태도를 길러 줘야 합니다. 그러나 유아기 아이들은 집중력이 짧아 경청을 지도하는 일은 쉽지 않습니다. 그럼 어떻게 해야 할까요?

먼저 유아기에는 대그룹보다는 소그룹, 일대일 대화를 통해 경청의 태도를 지도하는 것이 좋습니다. 어릴수록 대그룹보다는 짝과의 일대일 대화가 당연히 효과적입니다. 또 교사는 아이들과의 대화에서 좋은 모델이 되어야 합니다. 아이들의 이야기를 귀 기울여 들어주고, 질문 놀이 시간에 가르쳐 준 의사소통 기술을 삶 속의 대화에서 교사가 직접 사용하며 아이가 자연스럽게 따라 할 수 있도록 합니다. 결국은 일상생활에서 교사와 아이가 대화하는 모습 속에서, 교사의 태도에서 아이들은 가장 많이 배우고 실천하게 됩니다.

1. 반응

반응이란 말하는 사람의 이야기를 들으며 눈을 마주치거나 말로 표현하기, 고개를 끄덕이기, 미소 등의 표현으로 이야기를 잘 듣고 있음을 보여 주는 것을 의미합니다. 예를 들어, 다른 사람의 이야기를 들으며 "아, 그렇구나." 같은 말로 표현하는 것입니다.

2. 반영

상대방의 이야기를 잘 이해하고 있다는 것을 나타내는 표현입니다. 상대방의 말이나 감정, 생각 등을 경청한 후, 이를 이해하고 있음을 자신의 언어로 표현하여 말하는 방식입니다.

예를 들어, 짝이 주말에 놀이공원에 다녀온 이야기를 들려주었을 때 "너는 주말에 놀이공원을 다녀왔구나." 또는 "놀이공원에 다녀와서 정말 좋았겠다." 하며 상대방이 한 이야기에 공감하거나 이해하고 있음을 표현하는 방식입니다.

3. 꼬리 질문

꼬리 질문은 대화를 나눌 때 사용하는 다양한 소통의 방식으로 한 사람의 답변이나 발언을 듣고 추가적인 질문을 계속해서 이어 가는 방식입니다. 꼬리 질문은 단편적인 답변에서 보다 구체적이고 깊이 있는 대화를 이끌어 냅니다. 예를 들어, 놀이공원에 다녀온 친구의 이야기를 들은 후 "어떤 놀이기구를 탔어?" "누구랑 놀이공원에 다녀왔어?" "어떤 놀이기구가 가장 재미있었어?" 하고 관련된 질문을 하는 것입니다. 이렇게 꼬리 질문을 하면 대화가 일방적으로 끝나지 않고 다양한 이야기로 확장됩니다. 이 과정에서 다른 사람의 경험, 생각, 동기 등을 더 면밀하게 파악할 수 있으며, 상대방의 이야기를 더욱 경청하며 대화를 풍성하게 나눌 수 있습니다.

무조건 존중

우리 사회는 다른 사람의 이야기를 들을 때 '맞다', '틀리다'로 판단하거나, 나와 '같은 생각', '다른 생각'으로 나누며 이분법적 사고를 할 때가 많습니다. 이는 다양한 가능성과 생각을 무시하고, 과도하게 상대의 이야기를 비난할 수 있어 의사결정을 할 때도 바람직하지 않습니다. 특히 교사가 정답, 오답, 좋은 대답, 엉뚱한 소리 등으로 아이들의 이야기를 구분 지으면 아이들의 창의성, 독창성, 유연성 등을 떨어뜨리고, 생각을 표현하는 데 소극적으로 만들 수 있어 유의해야 합니다.

무조건적으로 존중하라는 뜻에는 모든 아이들의 생각을 똑같이 귀담아 듣는다는 의미가 담겨 있습니다. 정답과 오답, 좋은 질문과 나쁜 질문으로 판단하지 않고, 다소 엉뚱하거나 주제에서 벗어난 이야기라도 귀 기울여 들어주라는 의미입니다. 대신 주제에 어긋난다면 확인 질문을 통해서 아이가 스스로 자신의 대답을 생각해 보며 오류를 수정할 수 있도록 도와주면 됩니다. 100명의 아이에게 100개의 답이 있습니다. 아이들마다의 차이를 있는 그대로 존중해 주세요.

또, 무조건 존중에는 아이들의 이야기를 듣기 전에 함부로 판단하지 않는다는 뜻도 담겨 있습니다. 아이들의 이야기를 끝까지 들어 보기 전에는 어떤 결정도 판단도 하지 않고, 열린 마음으로 경청하는 것이지요. 아이의 말 안에 담긴 의미를 생각해 보며, 아이의 잘잘못을 따지기 이전에 아이를 이해하기 위하여 귀를 기울여야 합니다. 교사는 심판자가 아니라 지원자임을 항상 기억해 주세요.

마지막으로, 아이도 공동체의 한 구성원으로서 존중해야 합니다. 어른, 친구, 관계 상관없이 동등한 구성원으로서 의견을 내고 참여할 수 있도록 해야 합니다. 아이들도 어른과 동등한 귀한 인격체이며, 다양한 생각과 의견을 낼 수 있는 유능한 존재입니다. 아이들에게도 구성원으로서 존중하고, 참여할 수 있도록 기회를 주어야 합니다.

유아 맞춤형 질문 모형

　주변 교사들의 이야기를 들어 보면, 질문이 중요한지 알겠는데 막상 어떤 질문을 해야 할지 모르겠다는 이야기를 많이 합니다. 질문하며 교육받은 세대가 아니니 당연히 어려울 수 있습니다. 초·중·고등 교사들은 책 속의 내용을 토대로 질문을 하지만, 교과서가 없는 유아교육기관의 교사는 어떤 질문을 해야 하는지 더 막연하게 느껴질 수 있습니다. 특히 놀이 상황에서는 어떤 질문이 좋은 질문인지, 무엇을 질문해야 하는지 어렵기만 합니다.

　이에 다양한 질문을 쉽게 할 수 있도록 도와주는 질문 유형을 소개하고자 합니다. 질문 유형을 알고, 각 유형과 비슷한 질문을 만드는 연습을 하다 보면 자연스럽게 다양하고 핵심적인 질문을 할 수 있을 것입니다.

　질문 유형은 Bloom의 질문 유형, 하브루타 질문 유형 등 다양합니다. 그러나 유아기 아이들이 질문 유형을 이해하기에는 어려움이 많았습니다. 그래서 필자는 하브루타 질문 유형과 〈tvN Shift 2020〉 6부 '질문으로 자라는 아이' 편에서 소개한 질문법을 재구성하여 유아용 질문 유형을 새롭게 만들어 교실에 적용하였습니다. 아이들의 언어로 재구성하니 아이들도 쉽게 질문 유형을 이해하고 질문을 만들었습니다.

유아용 질문 유형 (이명진, 2025)

	질문 내용	moore 사고 유형	질문 예시
책 속의 질문	• 책, 인터넷 등을 찾아보면 답을 할 수 있는 질문 • 사실 내용, 사건 등을 물어보는 정답이 있는 질문	수렴적(닫힌) 질문	• 누가, 어디서 무엇을 했나요? • 공룡은 무슨 종류가 있나요?
생각 속의 질문	상상과 추론을 통하여 주변과 연결하여 이유, 방법, 가치, 판단 등을 묻는 질문	확산적(열린) 질문	○○은 왜 그런 행동을 했을까요?
마음속의 질문	'만약에 ~라면'처럼 자신의 삶에 적용하여 생각, 느낌, 행동, 감정 등을 묻는 질문	확산적(열린) 질문	만약 너라면 어떻게 할래요?

하브루타 질문 유형은 교사가 질문할 때는 유용하지만 아이들이 이해하기에는 어렵게 느껴집니다. 그러나 좀 더 질문이 세분화되어 있어, 초등학교 저학년부터 활용하면 좋습니다.

하브루타 질문 유형 (전성수, 2012)[2]

	질문 내용	moore 사고 유형	질문 예시
동기 질문	흥미와 관심을 유발하기 위한 질문	확산적(열린) 질문	어떤 일이 일어날까요?
내용 (사실) 질문	• 사실과 동화책, 교과서 등 내용 자체에 근거한 사실을 확인하기 위한 질문 • 육하원칙에 근거하여 하는 질문	수렴적(닫힌) 질문	누가, 어디서 무엇을 했나요?

---

2 『질문이 살아있는 수업』(김현섭, 2015) 참고

상상 (심화) 질문	텍스트에 없는 사실을 가정, 추론하고, 상상하며 하는 질문	확산적(열린) 질문	○○은 왜 그런 행동을 했을까요?
적용 (실천) 질문	현실의 경험과 연결되거나 나, 너, 우리와 연관 지어 하는 질문	확산적(열린) 질문	만약 당신이라면 어떻게 할래요?
메타 (종합) 질문	종합하고 정리하여 교훈이나 시사점을 찾는 질문		당신은 무엇을 느꼈나요?

책 속의 질문

1. 책, 인터넷 등에서 찾을 수 있는 사실적 내용 또는 사건 등 정답이 있는 질문

객관식 퀴즈, OX 퀴즈, 진진가와 같이 다양한 퀴즈와 연결하여 놀이할 수 있습니다.

"풀을 먹는 공룡의 종류를 무엇이라 부를까요?" (사실 내용)

"교실에는 어떤 장난감이 있나요?" (사실 내용)

"주말에 무엇을 했나요?" (사실 사건)

2. 육하원칙에 의한 질문

언제, 어디서, 누가, 무엇을, 어떻게, 왜에 대해 묻는 질문입니다. 단 육하원칙 질문 중 답변에 따라 사실에 대한 답이 아닌, 상상과 추론으로 대답을 할 경우가 있습니다. 이에 질문 유형에 고정하여 이야기하지 않고 융통성 있게 질문하고 답을 할 수 있도록 지도하면 됩니다.

"○○은 놀이공원에 누구와 갔어요?" (누가)

"오늘 아침에 무엇을 먹고 왔어요?" (무엇을)

"화장실에 언제 다녀왔어요?" (언제)

3. 오감을 통한 질문
시각, 청각, 미각, 후각, 촉각을 통해 대답할 수 있는 질문을 말합니다.

"사과는 무슨 색일까요?" (시각)

"모래를 만졌을 때 느낌이 어때요?" (촉각)

"무슨 냄새가 나나요?" (후각)

생각 속의 질문

생각 속의 질문은 이유, 방법, 가치, 판단 등을 묻거나 문제해결 방법을 묻는 질문으로 주로 상상하거나 추론, 추측하여 대답할 수 있는 질문입니다. 생각 속의 질문은 정답이 없는 질문으로 아이들이 마음껏 상상의 나래를 펼칠 수 있도록 합니다.

1. 유추 질문
'왜 그랬을까?' '무슨 일일까?' 등 이유나 결과 등을 예상하며 하는 질문입니다.

"거북이는 경주에서 왜 토끼를 깨우지 않았을까요?" (이유 예상)

"시합에서 진 토끼는 그 이후 어떻게 됐을까요?" (결과 예상)

2. 가치 질문
행동이나 말 속에 담긴 의미와 가치에 대해 생각해 보도록 하는 질문입니다.

"잠을 자는 토끼와 경주하는 것은 정당한 것일까요?" (가치 판단)

"공정함이란 무엇일까요?" (가치 정의)

3. 문제해결 질문

'어떻게 해결해야 할까?' '어떤 방법이 가장 좋을까?' 등 문제해결 방법에 대해 질문하는 것입니다.

"토끼와 거북이가 공정하게 경주하는 방법은 무엇이 있을까요?" (문제해결)

마음속의 질문

"만약에 ~라면" 이라는 질문을 통하여 삶과 연계하여 생각, 느낌, 감정 등을 물어보는 질문입니다. 하브루타 실천 질문과 같으며 이 질문 또한 정답이 없는 질문입니다.

1. 상상 질문

'만약에' 라는 가정 또는 다양한 상상을 하며 묻는 질문입니다.

"만약에 물속에서 토끼와 거북이가 경주를 했다면 어떻게 됐을까요?"
"만약에 거북이가 토끼를 깨웠더라면 어떻게 됐을까요?"

2. 적용 질문

'만약 나라면 어떻게 할 것인가?' '너의 마음은 어땠어?' 등 마음 또는 삶에 적용하여 생각해 보게 하는 질문입니다.

"만약 내가 토끼라면 어떻게 경주했을까요?"
"만약 내가 거북이라면 잠자는 토끼를 보고 어떻게 했을까요?"

> **지도 TIP & 질문 놀이 제안**
>
> 하루에 질문 유형을 모두 소개하지 않고, 책 속의 질문이 익숙해지면 단계별로 소개시켜 줍니다. 그림책을 읽고, 먼저 책 속에 있는 내용을 가지고 질문하면 좋아요. 익숙해지면 책, 생각, 마음속 질문 중 순서에 상관없이 상황에 따라 질문하면 됩니다.

3장

질문이 능력이다:
질문 놀이로 질문 능력 키우기

돌아 돌아 짝꿍 대화

"누가 한번 이야기해 볼까요?"

이야기 나누기 시간, 너도나도 손을 들고 이야기하려고 합니다. 이때 교사는 누구를 시켜야 할지 고민이 됩니다. 누군가를 지목하면 누군가는 서운한 일이 생깁니다. 열심히 손을 들어 발언 기회를 얻은 아이는 자신의 이야기를 하고 나면 다음부터는 다른 친구의 이야기를 듣지 않습니다. '돌아 돌아 짝꿍 대화' 질문 놀이는 누구나 말하고, 모두가 집중해서 들을 수 있는 방법입니다. 주말 지낸 이야기 또는 같은 질문으로 서로 다른 생각을 들을 때, 학기초 친구들과 인사 나누기 등에 활용 가능합니다.

준비물

신호 악기(종)

활동 방법

1. 오늘의 질문 또는 대화 주제를 정한다.
2. 아이들을 두 팀으로 나눈다. 한 팀이 먼저 교실 바닥에 동그랗게 모여 앉는다. 다른 한 팀이 모여 앉은 동그라미 바깥으로 서로 마주 앉는다.
3. 가위바위보, 안쪽 먼저, 바깥쪽 먼저 등 다양한 방법으로 먼저 질문할 친구를 뽑는다.
4. 한 친구가 먼저 물어보면 다른 친구가 질문에 답을 한다. 질문과 대답하는 친구를 바꿔서 질문하고 대화를 나눈다.
5. 서로 질문하고 대답하기가 끝났다면 "이야기 끝!" 하며 박수 한 번 치고, 상대방의 두 손바닥을 두 손으로 한 번 친다. 친구들이 박수 치는 것을 보면 대략 반

아이들이 대화를 마쳤는지 확인할 수 있다.

6. 대부분 아이들이 짝꿍 대화가 끝이 나면 교사가 종을 치거나 "돌아 돌아" 하고 신호를 보낸다. 함께 이야기 나눴던 친구와 인사를 나눈 뒤, 바깥쪽 동그라미에 앉은 아이들이 한 칸씩 옆으로 이동하여 다른 짝꿍을 만난다.
7. 새로운 짝꿍을 만나면 같은 방법으로 질문하며 짝꿍 대화를 나누고, 원을 한 바퀴 돌아 제자리로 올 때까지 자리를 옮기면서 짝과 이야기를 나눈다.
8. 모든 친구들과 짝꿍 대화가 끝나면 친구의 이야기 중 기억에 남는 이야기를 소개하는 시간을 가진다.

돌아가면서 짝꿍을 바꿔 이야기를 나눠요.

만남의 광장

학기초에는 서로가 낯설고 서먹합니다. 낯가림이 심한 아이들은 친구들을 알아가는 데 시간이 오래 걸리고 힘들기마저 합니다. '만남의 광장' 질문 놀이는 학급의 모든 친구들과 인사를 나누고 이야기할 수 있어 3월 학기초에 하기 좋은 놀이입니다. 물론 학기중에도 아이들의 다양한 의견을 듣고, 또 소외되는 아이 없이 모든 친구들과 이야기 나눌 수 있어 또래 관계 형성에도 도움이 됩니다. 친구들에게 궁금한 질문을 모아서 함께 만나러 떠나 볼까요?

준비물
반 아이들 명단(사진 명단표), 색연필

활동 방법
1. 함께 나눌 질문 또는 주제를 정한다.
   "너는 어디에 살아?"
   "너는 좋아하는 놀이가 뭐야?" 등

2. 반 아이들 명단(글씨를 모를 경우 사진 명단)을 들고 자유롭게 돌아다니며 친구와 질문을 주고받으며 이야기를 나눈다.

3. 5명, 10명, 반 전체 친구 등 교사가 지정해 준 수만큼 친구를 만나 질문하고 이야기를 나눈다. 질문을 하고 대답을 들은 친구는 명단에 동그라미 표시를 한다. 이때 활동 시간, 아이들의 흥미도, 집중도 등에 따라 교사가 만날 친구의 인원을 조정할 수 있다. 교사의 시작 신호와 함께 시작하고, 제시해 준 숫자만큼 친구 이름에 표시하면 빙고를 외친다.

변형 방법

1. 가위바위보를 해서 이긴 사람 또는 진 사람만 질문을 한다.
2. 질문을 한 사람만 상대 친구의 이름에 동그라미를 할 수 있다. 활동 후에 질문을 많이 한 질문왕을 뽑을 수 있다.
3. 정해진 시간 안에 친구들과 이야기하도록 한다. 이때 많은 친구와 이야기하는 것도 좋지만, 친구의 이야기를 충분히 들어줄 수 있도록 한다.
4. 학기초 새로운 친구들에게 묻고 싶은 질문으로 활동하면 친근감이 쌓인다.

질문을 한 친구 얼굴에 동그라미 표시를 해요.

꼬리 질문 카드놀이

　대화란 서로의 이야기를 주고받는 의사소통의 방식입니다. 대화는 상대방의 마음을 얻을 수도, 또 마음을 움직일 수도 있는 힘을 가지고 있습니다. 대화를 나눌 때는 상대방의 이야기를 잘 듣고, 주제에서 벗어나지 않게 대화를 주고받는 것이 중요합니다. 상대방과 꼬리에 꼬리를 무는 질문으로 대화를 주고받으면, 상대방의 이야기를 더욱 집중하여 들을 수 있습니다. 꼬리 질문은 상대방의 이야기에 대한 관심의 표현 중 하나이며 대화를 더욱 풍성하고 깊이 있게 해 주는 역할을 합니다. 꼬리 질문 카드를 이용하여 대화하는 경험은 아이들의 의사소통 능력을 향상시켜 줍니다.

준비물
　꼬리 질문 카드('네 생각은 뭐야?', '왜 그렇게 생각해?', '다른 좋은 의견 있어?', '또, 다른 건?' 등의 질문이 각각 적힌 카드)

활동 방법
1. 아이들에게 꼬리 질문 카드의 종류와 언제 꼬리 질문을 사용할 수 있는지를 소개한다.
2. 꼬리 질문 카드를 골라 친구의 이야기를 들은 후, 질문해 보도록 한다. 처음에는 2개의 카드로 대화를 나누고, 점차 다양한 카드 중에 자유롭게 선택하여 대화할 수 있도록 한다.

아이 1	너는 어떤 동물이 좋아?
아이 2	강아지.

아이 1	이유가 있어?
아이 2	귀여워서.
아이 1	또, 다른 건?
아이 2	고양이도 좋아.
아이 1	고양이가 좋은 이유가 있어?
아이 2	털이 많아서 귀여워.

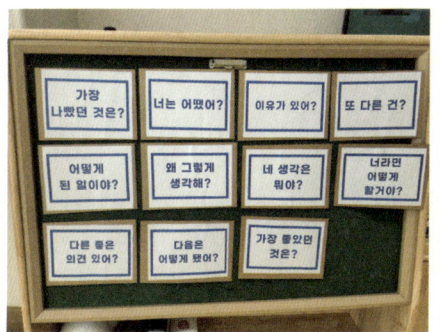

꼬리 질문 카드

선택한 꼬리 질문으로 질문해 보기

나는야, 질문송라이터

아이들은 동요를 매우 좋아합니다. 재미있는 가사와 리듬 등 동요의 음악적 요소는 아이의 마음을 편안하게 또는 신나게 만들어 줍니다. 예쁜 가사말과 아름다운 음률은 감수성을 기르는 데 도움이 됩니다. '질문송라이터' 질문 놀이는 평서문의 짧은 동요를 질문 형식으로 가사를 개사하는 것입니다. 노래를 질문으로 개사해서 불러 보면 신기한 일이 생깁니다. 질문에 스스로 답을 하기 위해 뇌가 자연스럽게 생각을 한다는 것입니다. 처음에는 평서문을 질문으로 바꾸는 것을 조금 어려워할 수 있습니다. 그러나 한번 해 보면 금세 질문 노래로 바꾸고, 즐겁게 부르는 아이들을 볼 수 있습니다.

준비물
노래 가사가 적힌 인쇄물, 연필

활동 방법
1. 평서문 문장을 질문으로 바꾸는 법에 대해 이야기 나눠 본다.
   - 물어보는 말로 바꾸려면 어떻게 해야 할까요?

2. 함께 노래를 질문으로 바꿔 본다. 익숙해지면 모둠별로 동요를 질문 노래로 바꿀 수 있다.
   - 떴다, 떴다, 비행기, 날아라 날아라
     ⇒ 뜰까, 뜰까, 비행기, 나를까 나를까
   - 높이 높이 날아라 우리 비행기
     ⇒ 높이 높이 나를까 우리 비행기

3. 바꾼 가사로 노래를 함께 불러 본다.
4. 바뀐 가사 질문에 느낌을 이야기해 본다.
5. 모둠별로 바꾼 노래를 앞에 나와 불러 친구들에게 들려준다. 노래를 듣고 소감을 나누며 다르게 바꿀 수 있는 내용에 대해 서로 의견을 나누었다.

변경 전	변경 후
나비야 나비야 이리 날아 오너라 노랑나비 흰나비 춤을 추며 오너라 봄바람에 꽃잎도 방긋방긋 웃으며 참새도 짹짹짹 노래하며 춤춘다.	나비야 나비야 이리 날아 올까말까 노랑나비 파랑나비 춤을 추며 올까말까 여름바람에 꽃잎도 방긋방긋 웃으며 참새도 토끼도 노래하며 춤추니?
울퉁불퉁 멋진 몸매에 빨간 옷을 입고 새콤달콤 향내 풍기는 멋쟁이 토마토 토마토 나는야 주스될 거야 꿀꺽 나는야 케첩될 거야 찍 나는야 춤을 출 거야 헤이 뽐내는 토마토	울퉁불퉁 멋진 몸맬까? 빨간 옷을 입을까? 새콤달콤 향내 풍길까? 멋쟁이 토마토 토마토 나는야 주스돼 볼까? 꿀꺽 나는야 케첩돼 볼까? 찍 나는야 춤을 춰 볼까? 헤이 뽐낼까? 토마토

모둠별 회의를 통해 질문 노래로 바꾸기

아무 질문 대잔치

　스탠포드대학교는 질문 기반 학습을 개발하여 보급하는 걸로 유명합니다. 스탠포드대학교에서는 질문의 수준을 5단계로 나누었습니다. 그중 가장 낮은 1단계는 책을 찾거나 검색만 하면 쉽게 답이 나오는 질문입니다. 그리고 아무도 하지 않은 최초의 질문, 연구하여 답을 찾아야 하는 질문을 가장 높은 수준인 5단계로 설정하였습니다. 바꿔 말하면 아무도 하지 않은 새롭고 엉뚱한 질문일수록 질문의 수준이 높다는 것입니다. 아이들이 상상하며 마음껏 엉뚱한 질문을 하는 경험은 질문 능력을 키워 줄 수 있습니다. 그럼 누가누가 엉뚱한 질문을 더 잘하나 시합해 볼까요?

준비물
없음.

활동 방법
1. 두 명씩 짝을 지어 순서를 정한다(여러 명의 아이들이 순서를 정해서 할 수 있다).
2. 첫 번째 아이가 아무 질문이나 한다.
3. 상대편 아이가 친구의 질문을 듣고 아무 질문이나 이어서 한다.
4. 질문을 하지 않고 대답하는 아이가 지는 게임이다.

아이 1	너 오늘 밥 먹었어?
아이 2	오늘 비 와?
아이 1	너 나 좋아해?
아이 2	무슨 책 읽었어?

아이 1	밥 먹었어?
아이 2	어, 밥 먹었어. (질문에 대답하거나 질문하지 못하면 실패)

마주 보고 질문해요.

슬기로운 경청 생활, 빙고!

경청은 대화의 기본입니다. 경청은 단순히 말을 듣는 것을 넘어 상대방의 마음, 생각, 감정까지도 이해하려는 태도입니다. 상대방이 무엇을 말하는지, 마음이 어떤지 잘 살피고, 상대방의 이야기에 귀 기울이는 것만으로도 상대방의 마음을 열 수 있습니다. 그러나 어린 아이들이 경청하는 것은 쉬운 일이 아닙니다. 그래서 '짧게 집중하며 듣기'에서 점차 '길게 듣기', '말 속의 의미 파악하며 듣기' 등으로 수준에 따라 반복하여 듣기 훈련이 이루어져야 합니다.

'슬기로운 경청 생활' 질문 놀이는 빙고 게임의 축소판입니다. 빙고 게임을 할 때는 친구가 말하는 단어를 초집중하여 듣지요. 이 질문 놀이는 아이들이 게임처럼 매우 좋아하며, 듣기 훈련에도 도움이 되는 활동입니다.

준비물
3줄 빙고 칸이 그려진 종이, 연필

활동 방법
1. 모둠별로 모여서 친구들과 함께 세로 3칸, 가로 3칸 총 9칸에 질문에 연상되는 단어를 쓴다. 예를 들어, "내가 좋아하는 동물은?" 질문에 생각나는 단어로 칸을 채운다. 글씨를 모를 경우 그림으로 그리거나 교사가 도움을 준다.
2. 다 쓰면 종이를 책상에 엎어 놓고 친구들이 다 쓸 때까지 기다린다.
3. 모두가 다 쓴 후에는 순서를 정해 한 사람씩 단어를 불러 지운다.
4. 5개 빙고, 1줄 빙고, 2줄 빙고, 3줄 빙고 중에 아이 수준에 맞춰 빙고 놀이를 한다. 5개 빙고부터 시작하여 점차 수준을 높여도 된다.
    - 5개 빙고 : 종이에 적힌 단어를 5개 지우면 빙고!

- 1줄 빙고 : 종이에 적힌 단어 중 가로, 세로, 대각선 중 1줄 지우기
- 2줄 빙고 : 종이에 적힌 단어 중 가로, 세로, 대각선 중 2줄 지우기
- 3줄 빙고 : 종이에 적힌 단어 중 가로, 세로, 대각선 중 3줄 지우기

모둠이 함께 빙고 칸을 채워요.

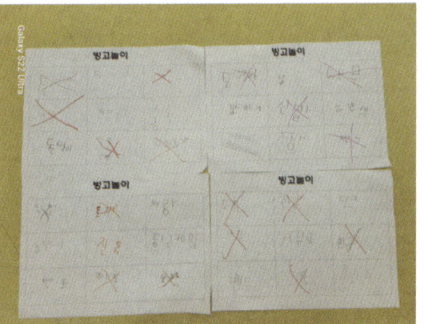
5개 먼저 지우기 빙고!

지도 TIP

빙고가 익숙해지면 다양하게 확장하여 놀이할 수 있습니다.

1. 그림책을 읽은 후 책 속에 나오는 단어로 빙고를 할 수 있습니다. 이때, 그림책 읽기 전 빙고를 하겠다고 안내하면 아이들이 더욱 집중해서 듣습니다.
2. 이야기 나누기 끝부분에 오늘 나눈 이야기 중 생각나는 단어 3개 말하기, 기억에 남는 이야기 말하기 등으로 확장할 수 있습니다.

그림책 탐정 놀이, 장면을 찾아라!

그림책은 다양한 질문 놀이에 활용하기 좋습니다. 그림만 가지고 활용해도 좋고, 뒷이야기를 상상하거나 주인공이 되어 볼 수도 있습니다. '그림책 탐정 놀이'는 빙고보다 업그레이드된 긴 내용 듣기 훈련이라 할 수 있습니다. 그림책의 내용을 회상하며 하는 질문 놀이로, 그림책 내용을 주의 깊게 듣지 않으면 참여가 어렵습니다. 책 내용을 기억하여 질문하고 답을 해야 하기 때문입니다. 답을 찾기 위해 다양한 질문을 하며 장면을 추리하는 과정이 꼭 탐정과 같습니다. 그림책 탐정 놀이는 아이의 호기심을 자극하여 아이들이 매우 좋아하는 놀이 중 하나입니다.

준비물
함께 읽은 그림책 5권, 가림막

활동 방법
1. 함께 읽었던 그림책 5권을 갖고 와 함께 제목을 보며 그림책을 상기해 본다. 이때 책의 권수는 아이들의 발달 수준, 집중력, 흥미에 따라 조절한다.
2. 가림막 뒤에 5권의 책을 놓고 술래를 정한다.
3. 술래가 다른 친구들이 볼 수 없도록 가림막 뒤로 가 책 1권을 고른 후, 보고 싶은 페이지를 펼친다. 이때, 도중에 책을 바꾸거나 페이지를 바꿀 수 없다.
3. 1단계는 아이들이 질문을 하면서 책 제목을 맞힌다.
4. 술래는 친구들의 질문에 '응', '아니' 등 간단하게만 답을 할 수 있다.
5. 정답을 맞히면 술래가 정답을 외쳐 준다.

아이 1	그 책에 토끼가 나와?
술래	아니.
아이 2	그럼 남자아이가 나와?
술래	응.
아이 3	주인공이 에드와르도야?
술래	맞아.
아이들	정답! 에드와르도!

6. 제목을 맞히면 술래가 펼친 페이지를 상상하여 맞혀 본다. 그림책의 내용을 회상하며 질문하여 맞힌다. 정답을 맞히면 술래가 정답을 외친다.

아이 1	에드와르도가 물건을 던지고 있어?
술래	아니.
아이 2	에드와르도가 동물을 보살피고 있어?
술래	아니.
아이 3	에드와르도가 동생을 밀치고 있어?
술래	아니.
아이 4	에드와르도가 어른들에게 혼나고 있어?
술래	아니.
아이 5	에드와르도가 파리에 쫓겨 물속에 들어갔어?
술래	맞아. 정답!

콜 마이 네임, 질문왕은 누구?

다양한 주제를 가지고 할 수 있는 질문 놀이입니다. 새 학기나 집중력이 떨어졌을 때 게임처럼 활용하면 좋습니다. 다양한 친구들과 짝을 지어 놀이해 본 경험은 학급 아이들 간 친밀감 형성에 매우 도움이 됩니다. 특히 여러 명의 친구들 사이에서는 표현을 잘 안 하는 소극적인 아이도 짝꿍 놀이에서는 좀 더 적극적으로 참여하는 걸 볼 수 있습니다.

준비물
포스트잇, 펜

활동 방법
1. 두 명씩 짝을 짓는다.
2. 아이들 모두가 알 수 있는 주제로 제시어를 정한다(우리 반 친구, 동물, 식물, 교실에 있는 물건, 책 속에서 나온 것 등).
3. 제시어를 듣고 생각나는 단어를 포스트잇에 그림을 그리거나 글자로 쓴다.
4. 둘 다 작성하면 동시에 서로의 이마에 붙인다.
5. 순서를 정해 한 사람씩 번갈아 가며 자신의 이마에 붙은 제시어에 대해 질문하여 답을 맞힌다.
6. 정답을 맞히면 내 이마에 있는 포스트잇을 떼어 가질 수 있다.
7. 다른 친구와 짝을 바꿔 다시 게임을 한다.
8. 포스트잇을 가장 많이 모은 친구를 소개할 수 있다.

아이 1   이거는 빨간색이야?

아이 2   아니.

　　　　내 것은 보라색이야?

아이 1   응. 보라색이야.

　　　　내 것은 주황색이야?

아이 2   응. 주황색이야.

　　　　내 것은 동그랗게 생겼어?

아이 1   동그랗게 생겼어.

　　　　내 것은 당근이야?

아이 2   당근 맞아.

　　　　내 것은 포도야?

내 이마에 붙은 단어가 뭘까?

두근두근 질문 룰렛

　짝꿍과 대화를 나눌 질문을 선정할 때 사용하는 방법입니다. 학급 아이들의 궁금한 점을 모은 후, 친구들과 나누고 싶은 질문을 선정하여 우선순위에 따라 이야기를 나눕니다. 이때 나누고 싶은 질문에 손을 들거나 스티커를 붙여 인원이 많은 순서를 정할 수도 있지만, 질문 룰렛을 이용하면 더욱 흥미를 가지고 질문 놀이에 참여하게 됩니다.

준비물
포스트잇, 펜, 돌림판(룰렛)

활동 방법
1. 아이들의 궁금한 질문을 모아 본다. 글씨를 모르는 아이는 교사가 도와준다.
2. 룰렛에 작성한 질문을 붙인다. 룰렛에 반 전체의 질문을 모두 붙일 수 없으므로, 모둠별로 나누어 활동한다. 인원이 많은 경우는 이틀에 나누어 활동해도 좋다.
3. 한 아이가 나와 룰렛을 돌린다.
4. 화살표가 멈춘 질문에 대해 친구들과 이야기를 나눠 본다.
5. 질문이 뽑힌 친구가 다음 룰렛을 돌린다. 이후 방법은 같다.

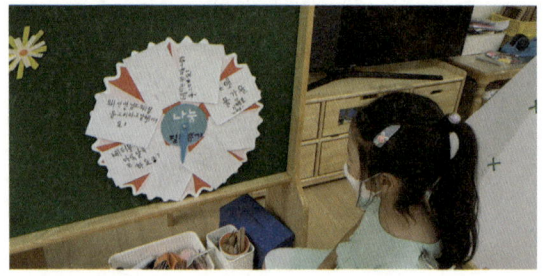

오늘은 어떤 질문으로 이야기를 나눌까?

질문 완성하기

제시하는 그림 카드를 이용하여 다양한 질문을 만들어 봅니다. '질문 완성하기' 질문 놀이는 그림 카드와 육하원칙 질문 카드를 이용하여 질문을 해 보며, 질문의 다양한 형태를 쉽게 알 수 있도록 도와줍니다. 다양한 형태의 질문을 할 수 있는 질문 능력은 물론, 육하원칙 질문을 통해 문제해결력이나 논리적인 사고를 촉진시켜 줍니다.

준비물
그림 카드, 육하원칙 질문 카드(누가, 언제, 어디서, 무엇을, 어떻게, 왜)

활동 방법
1. 질문 카드를 가지고 차례대로 질문을 만들어 본다. 교사가 먼저 예시를 보여 준 후, 아이들이 직접 질문을 만들어 보도록 한다.

> **교사** 우리가 궁금한 것을 물어볼 때 쓰는 말이 있어요. 어떤 말을 쓰는지 선생님이 소개시켜 줄게요. '누가, 언제, 어디서, 무엇을, 어떻게, 왜'의 육하원칙을 써서 누군가에게 질문을 해요. 어떤 질문을 할 수 있을까요?

- 누가 : 누가 이 장난감을 가지고 놀았지? 누가 밥을 먹었지? (주체)
- 언제 : 엄마, 언제 올 거야? 언제 약을 먹으면 되지? (시간, 날짜)
- 어디서 : 어디서 밥을 먹으면 될까? 어디서 놀아? (장소)
- 무엇을 : 무엇을 가지고 가면 될까? 손에 들고 있는 건 무엇이야? (내용, 행동)

- 어떻게 : 그건 어떻게 가지고 놀아? 어떻게 집에 갈 수 있을까? (방법, 과정)
- 왜 : 왜 늦었어? 왜 오늘 기분이 안 좋아 ? (이유)

2. 질문 카드로 질문 만들기가 익숙해지면 그림 카드를 활용하여 질문을 만들어 본다.
3. 그림 카드를 주머니 안에 넣는다.
4. 한 사람이 나와 주머니에서 1장의 그림 카드를 꺼내 친구들에게 보여 준다.
5. 제시된 그림 카드(고양이)를 보며 질문을 해 본다.
   - 고양이는 무엇을 좋아해?
   - 고양이는 이름이 뭐야?

6. 제시된 그림 카드로 질문 만들기가 익숙해지면 그림 카드와 질문 카드를 함께 뽑는다.
7. 제시된 그림 카드(고양이)와 질문 카드(어떻게)를 보며 질문을 만들어 본다.
   - 어떻게 고양이를 키워?
   - 고양이는 어떻게 생선을 잡아?

카드를 보며 질문을 만들어요.

4장

주도성이 핵심이다:
질문으로 놀이 확장하기

디지털을 활용한 질문 놀이

하루가 다르게 AI의 기술이 발달하고 있습니다. 점차 AI가 인간의 역할을 대체하고 있으며, 인문·사회·경제·과학·교육 등 모든 영역에서 디지털 기술과 융합하며 빠르게 디지털 사회로 전환되고 있습니다.

이런 시대를 살아가고 있는 아이들을 디지털 네이티브, 더 나아가 AI 네이티브라 부릅니다. 태어나면서부터 디지털 기기와 디지털 환경에 둘러싸여 자라고, AI와 자연스럽게 함께 살아가는 세대이기 때문입니다. 실제로 이들은 영아 때부터 컴퓨터, 스마트폰, 태블릿 등 디지털 기기를 자연스럽게 활용하며 살아갑니다. 한국언론진흥재단이 발표한 「2023 어린이 미디어 이용조사」를 보면 3~4세 아동이 TV, 스마트폰, 태블릿, 컴퓨터 등 미디어를 사용하는 시간이 하루 평균 184.4분이었습니다. 특히 아이들 중 12%는 돌 이전에 디지털 기기를 처음 접하는 것으로 조사되었습니다. 이렇듯 디지털 기기를 처음 사용하는 연령이 점차 어려지고 있는 것을 확인할 수 있습니다.

최근 시대의 변화에 따라 유아교육 현장에서도 디지털 놀이가 확산되고 있습니다. 디지털 네이티브, AI 네이티브인 아이들에게 디지털 환경에서의 다양한 놀이 경험은 자연스럽고, 또 필요한 교육이기 때문입니다.

디지털 놀이란 아이가 놀이 안에서 디지털 매체를 활용하여 놀이하는 것을 말합니다. AI, TV, 스마트폰, 컴퓨터, 전자칠판 등 다양한 디지털 기기를 단순히 도구로 사용하는 것을 넘어 상상력과 협력적 소통 등을 포함하여 교육적으로 확장된 개념이지요.

디지털 놀이는 다양한 교육적 효과가 있습니다. 먼저 통합적 경험을 제공하여 창의성 향상에 도움이 됩니다. 디지털 놀이는 가상과 현실, 온라인과 오프라인 등 시공간을 넘나들며 아이들에게 확장된 경험을 제공합니다. 이러한 환경에서 아이들은 다양한 디지털 기기와 콘텐츠를 적극적으로 활용하여 자신의 생각과 느낌을 새로운 방식으로 표현하며 다양한 놀이 경험을 할 수 있습니다. 이 과정에서 상상력과 창의성이 발달하게 되는 것이지요.

다음으로 디지털 문해력이 신장됩니다. 디지털 문해력이란 다양한 디지털 플랫폼과 미디어를 활용해 정보를 찾고, 평가·조합·이해하여 소통하고, 문제를 해결하고, 창조하는 총체적인 능력을 의미합니다. 디지털 놀이를 하는 과정에서 정보 분별력과 비판적 사고, 윤리적 태도와 함께 디지털 문해력이 발달됩니다.

마지막으로 사회성이 발달됩니다. 친구와 함께 공동의 목표를 달성하거나 협력적인 놀이를 하는 과정에서 친사회적인 행동, 협동, 의사소통 능력, 정서 조절력 등의 사회적 기술이 향상될 수 있습니다.

이렇듯 디지털 놀이는 AI 시대를 살아가는 아이들에게 꼭 필요한 교육입니다. 그러나 디지털 놀이는 긍정적인 면만 있는 것이 아니라 놀이 참여 방식, 상호작용의 질, 놀이 시간과 내용의 질에 따라 부정적인 영향을 미칠 수 있습니다. 따라서 아이들의 발달, 놀이의 방향, 내용, 상호작용 등을 고려하여 디지털 놀이를 하는 것이 중요합니다.

그러나 최근 교육 현장의 디지털 놀이 교육 사례를 보면 염려스러운 부분이 있습니다. 디지털 매체를 활용하는 기술과 결과물을 만들어 내는 데 그치는 경우가 많기 때문입니다. 인간만이 지닌 능력을 중시하며 지식과 기술보다 태도를 강조하는 교육의 흐름에 어긋나는 것 같아 걱정이 됩니다.

디지털 매체 활용이 증가하면서 생기는 다양한 문제점을 교육 현장에서 한 번 고민해 봐야 할 일이라 생각합니다. 특히 어린 시기부터 아이들이 디지털 환경에 지나치게 노출되며 생기는 다양한 문제점을 교사로서 되짚어 보는 것은 의미 있습니다. 유아기 디지털 놀이의 방향과 목표를 세울 수 있기 때문입니다. 그러면 어떤 문제점이 있을까요?

첫째, 유아기 발달을 저해합니다. 유아기는 뇌 발달이 활발하게 이루어지는 시기입니다. 이 시기에 디지털 기기를 지나치게 사용하면 뇌가 과도한 자극을 받아 일상생활에서의 자극에는 반응을 보이지 않는 '팝콘 브레인'이 되기 쉽습니다. 또 디지털 기기 의존성이 높아져 중독되고, 행동조절력이 약화됩니다. 부모, 또래와의 실제 상호작용 시간이 줄어들면서 정서, 사회성, 의사소통 능력의 발달이 저해됩니다. 또, 신체 활동이 줄면서 신체 발달이 저해되는 등 유아기 전반적인 발달에 부정적인 영향을 미치게 됩니다.

둘째, 사회 윤리적인 문제입니다. 반복적인 미디어 노출로 인하여 아이들에게 유해 콘텐츠나 자극적인 정보, 가짜 정보 등이 쉽게 노출되고 있습니다. 이는 정보 분별력이 떨어지고, 아직 올바른 가치관이 형성되지 않은 아이들에게 현실 사회에 적응하는 데 어려움을 줄 수 있습니다. 현실 세계와 가상 세계와의 혼돈에서 오는 현실도피, 사회적 고립감, AI를 이용한 딥페이크와 같은 범죄까지 다양한 사회적 문제를 겪을 수 있습니다.

이러한 문제점들로 인하여 영국은 2023년에 「온라인 안전법」을 제정하여 16세 미만 학내 스마트폰 사용을 금지하였고, 호주는 16세 미만 아동에게 SNS 사용을 금지하는 법안을 통과시켰습니다. 유럽연합(EU)은 「디지털 서비스법」 도입으로 연령 확인 시스템을 도입하는 등 어린 학생의 디지털 매체 사용과 관련하여 안전 의무를 강화하고 있습니다.

이처럼 세계 여러 나라들이 디지털 사용에서 오는 다양한 문제로부터 아이들을 보호하기 위한 사회적 제도를 마련하고 있습니다. 우리나라는 아쉽게도 아직 이러한 제도가 마련되지 않았습니다. 그렇기에 교육 현장에서의 디지털 교육의 방향과 목표가 더욱 중요하다고 생각됩니다. 앞서 말한 바와 같이 유아기에는 부정적인 영향에 더욱 민감한 시기이므로 디지털 놀이에 대한 신중한 접근이 요구됩니다. 이에 필자는 다음과 같이 디지털 놀이의 방향을 제안합니다.

첫째, 디지털 세계관을 이해하는 놀이가 되어야 합니다.

세계관이란 자신이 사는 세계를 이해하는 것입니다. 디지털 세계관이란 현실과 가상의 세계를 자유롭게 넘나들면서 두 세계를 연결하고 통찰하는 인식 체계를 뜻합니다. 디지털의 발달로 세계는 초연결 사회가 되었습니다. 특정 장소에 국한되지 않고 언제 어디서든 연결될 수 있으며, 가상 세계와 현실 세계는 유기적으로 연결되어 공존합니다. 디지털 세계를 이해하는 것은 다양한 문화적 맥락을 이해하는 것과 같습니다. 디지털 공간과 현실에서의 나, 친구 관계, 메타버스 안에서의 규칙 등 질문을 통해 깊게 성찰하며 서로의 생각과 경험을 존중하는 태도를 기를 수 있도록 해야 합니다.

둘째, 디지털 윤리교육이 필요합니다.

디지털 매체의 사용에 있어 단순한 흥미와 관심 위주 또는 기술을 배우는 것으로 끝나지 않아야 합니다. 중요한 것은 디지털과 AI가 나에게 어떤 영향을 주는지, 어떤 문제점이 생길 수 있는지, 나의 삶에서 어떻게 활용하면 좋은지 등 다양한 질문을 통한 비판적 사고로 이해하는 능력을 키워 주어야 합니다. 또한 개인정보보호, 올바른 언어 사용, 디지털 공간에서의 존중과 배려, 저작권 및 지적 재산 보호, 책임감 있는 미디어 활용 등 온라인 공간에서 책임감을 가지고 안전하게 사용하는 태도를 길러 주는 것이 중요합니다.

셋째, 디지털 놀이 과정과 태도에 중점을 둡니다.

아이들은 디지털 매체가 아직 익숙하지 않기 때문에 자칫하면 교사가 이끄는 대로 따라가는 놀이가 되기 쉽습니다. 따라서 질문하며 아이들이 주도적으로 참여할 수 있도록 지원해야 합니다. 또한 다양한 기기와 콘텐츠를 활용하는 과정에서 또래 간 협업, 사회성, 의사소통 능력을 키우는 것에 중점을 두어야 합니다. 또래 간 긴밀한 의사소통을 하면서 함께 놀이하고 협력하는 과정에 교사의 세심한 관심과 격려가 필요합니다.

결국은 바람직한 디지털 놀이의 방향에도 '질문'이 중요합니다. 디지털 놀이에서 질문은 아이들이 궁금한 것에 대한 정보를 능동적으로 찾고, 호기심을 확장하고, 문제를 해결하며 주도적으로 놀이하는 데 핵심적인 역할을 합니다. 또 질문은 AI, 디지털 매체에 의존하여 단순히 그 사용법을 익히는 것이 아닌, 유아기부터 윤리의식과 비판적 사고를 가지고 AI를 인식하고 사용할 수 있는 힘을 키워 줍니다.

디지털을 활용한 질문 놀이에서는 아이의 놀이와 관심에 따라 디지털 콘텐츠와 기기를 사용하였습니다. 또한 질문을 통해 아이와 교사, 또래 간 대화를 나누며 콘텐츠를 사용하는 경험과 결과보다는 과정에 중점을 두고 놀이를 지원하였습니다. 아이들이 변화된 디지털 세계관 속에서 다양한 경험을 통해 문제를 해결하고 재창조하는 과정에 중점을 두며 놀이하였습니다. 디지털을 활용한 질문 놀이를 통해 우리 아이들이 디지털 사피엔스로 성장할 수 있기를 기대합니다.

전기로 놀아요

❶ 아이들의 놀이 만나기

우연히 '메이키메이키'를 알게 되었습니다. 교사가 봐도 흥미 있어 보이는 AI 교구를 아이들과 놀이해 보면 좋겠다는 생각에 소개하였습니다. 아이들은 새로운 놀잇감에 호기심을 보였고, 스스로 다양한 실험을 하며 메이키메이키를 활용한 놀이에 빠져들었습니다.

❷ 질문 놀이 연결하기

메이키메이키를 어떻게 활용하면 좋을까 고민하다 아이들에게 직접 소개하며 아이들이 활용하는 방법을 스스로 찾도록 하였습니다.

연결 프로그램
메이키메이키, 메이키메이키 플레이 앱을 통해 연결

준비물
노트북, 메이키메이키, 메이키메이키 플레이 앱, 다양한 물체

활동 방법
1. 놀이 시간에 한쪽 영역에서 메이키메이키를 설치하고, 아이들의 반응을 살폈다.
2. 몇 명의 아이들이 관심을 보이며 모였다.
3. 이때, 교사는 아이들이 눈치채지 못하게 미리 메이키메이키에 연결된 악어클립의 끝을 손가락으로 잡고 있었다. 한 아이에게 메이키메이키에 연결되어 있는 물체를 손가락으로 두드려 보게 한 후 반응을 살피도록 했다. 아무 반응이

일어나지 않았다. 또 다른 아이에게 연결된 물체를 손가락으로 두드려 보게 하고 반응을 살폈다. 아무 반응이 일어나지 않았다.

4. "이번에는 선생님이 두드려 볼까요?" 하고 이야기한 후 물체를 손가락으로 두드려 보았다. 화면에서 북소리가 나자 아이들이 신기해 하며 관심을 보였다.
5. 아이들은 돌아가며 물체를 두드려 보았지만 소리가 나지 않았다.

아이	선생님, 이거 어떻게 소리가 나는 거예요?

6. 교사가 한 손에 악어클립을 잡고 반대편으로 한 아이의 손을 잡았다.

교사	선생님이 손을 잡아 줄게요. 다른 손으로 두드려 볼래요?
아이	(북소리가 나자 아이들이 놀라며 신기해 한다.) 왜 소리가 났다가 안 났다가 해요?

7. 아이들이 어떻게 하면 소리가 나는지 실험하며 탐색할 수 있는 충분한 시간을 주고, 왜 소리가 나는지 추측해 보도록 하였다.

교사	어떻게 하면 소리가 날까요?
아이 1	세게 치면 소리가 날 것 같아요.
아이 2	끝에를 치면 소리가 날 것 같아요.

8. 아이들의 이야기를 들은 후, 교사가 아이들에게 메이키메이키의 원리를 소개시켜 주었다. 메이키메이키는 전기가 흐를 때 소리가 나고, 전기가 흐르지 않을 때는 소리가 나지 않는다.

먼저 메이키메이키 홈페이지 플레이 앱에 접속한다.

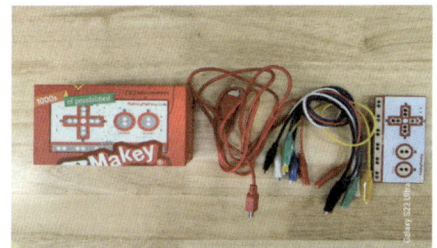

메이키메이키 구성품

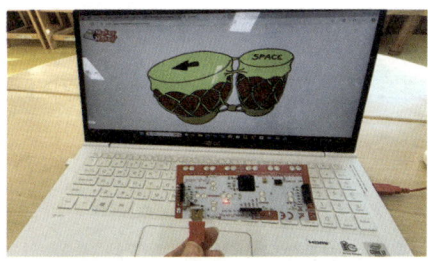

① 노트북에 메이키메이키를 USB 케이블을 이용하여 연결한다.

② 악어클립을 아래쪽 EARTH라고 적힌 6쌍의 구멍 중 하나에 연결한다.

③ 연결한 악어클립의 반대편 끝을 손가락으로 잡는다.

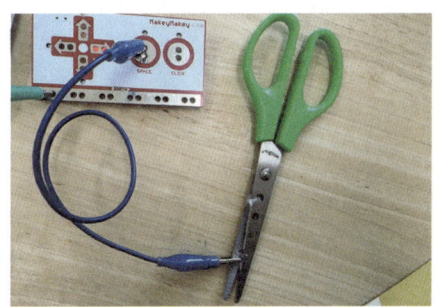

④ 다른 악어클립을 SPACE라고 써 있는 부분에 연결하고, 반대편은 물체를 연결한다.

⑤ 악어클립을 잡지 않는 손으로 연결된 물체를 손으로 터치한다.

⑥ 물체를 터치하면 북소리가 난다.

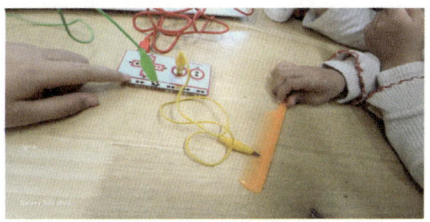

⑦ 물체를 바꿔 볼 수 있다.

❸ 질문 놀이 펼치기

메이키메이키를 소개시켜 주자, '전기가 통하는 것은 무엇일까?' 라는 호기심이 생겼습니다. 질문에 따라 함께 전기가 통하는 것과 통하지 않는 것을 예측해 보고 알아보았습니다.

전기가 통하는 것 VS 전기가 통하지 않는 것

준비물

노트북, 메이키메이키, 메이키메이키 플레이 앱, 다양한 물체

활동 방법

1. 아이들의 질문을 모아 보았다.

아이 1	머리카락은 전기가 통해요?
아이 2	친구의 손을 잡으면 전기가 통해요? 더 많은 친구들이 손을 잡아도 전기가 통해요?
아이 3	또 전기가 통하는 물건을 무엇이 있어요?

2. 질문의 답을 찾기 위해 아이들이 직접 실험해 보았다. 실험 전 전기가 통할지, 통하지 않을지 미리 예측해 보았다.

3. 가져온 물건들을 악어클립에 연결한 후 손으로 두드려 북소리가 나는지 확인하였다. 전기가 통해 소리가 나는 물건과 통하지 않는 물건을 분류해 본 후 이야기를 나누었다.

교사	전기가 통하는 물체들은 무엇인가요?
아이 1	사람, 자동차, 쇠,
교사	전기가 통하지 않는 물체들은 무엇인가요?

아이 2   플라스틱, 나무, 꽃 등

가위를 두드리면 북소리가 나요.

머리카락에 연결해도 소리가 날까?

전기가 통하는 물건,
통하지 않는 물건 예측해 보기

여러 명이 손과 손을 잡아도 전기가 통해요.

귤 건반 연주하기

메이키메이키를 다양하게 활용하여 놀이하는 경험을 갖도록 건반 만들기를 소개하였습니다.

준비물

노트북, 메이키메이키, 메이키메이키 플레이 앱, 과일

활동 방법

1. 메이키메이키의 악어클립을 귤에 하나씩 차례대로 꽂아 연결한다.

아이	귤을 왜 여기에 꽂아요?
교사	귤을 꽂은 후에 손으로 두드리면 어떻게 될까요?
아이 1	소리가 날 것 같아요.
교사	귤이 여러 개인데 모두 같은 소리가 날까요?
아이 2	같은 소리가 날 것 같아요. 모두 똑같은 귤이니까요.
교사	만약 다른 소리가 나게 하려면 어떻게 해야 할까요?
아이 3	하나는 바나나처럼 다른 걸 꽂아요.

2. 메이키메이키 플레이 앱에서 건반 치기를 실행시킨다.
3. 귤을 손가락으로 치면 피아노 건반 소리가 난다.
4. 귤 건반을 이용하여 연주해 본다.
5. 연주 후에 이야기를 나눈다.

아이 1	귤에서 왜 피아노 소리가 나요?
교사	귤은 전기가 흐르는 물체일까요?
아이 2	전기가 흘러요. 소리가 나니까요. 다른 과일도 소리가 나요?
교사	여러분 생각은 어때요?
아이 3	소리가 날 것 같아요

귤 건반을 만들어요.

귤 건반으로 연주해요.

❹ 질문 놀이를 통한 배움~성찰

　디지털 기기와 콘텐츠를 활용하면서 아이들의 놀이가 더욱 풍요로워지고 있습니다. 아이들은 흥미와 호기심을 가지고 다양한 디지털 기기와 콘텐츠를 가지고 놀이합니다. 메이키메이키는 아이들의 궁금증에 따라 다양한 탐색과 실험을 하며 놀이할 수 있어 매력적인 매체입니다. 또한 놀이하는 과정에서 자연스럽게 전기에 대한 흥미를 유발시켜 아이들과 전기와 관련된 다양한 이야기를 나눌 수 있었습니다. 특히 전기는 우리의 삶에서 꼭 필요한 자원이며, 지속 가능한 미래를 위해 절약이 필요한 자원이기도 합니다. 이에 놀이하며 친숙해진 전기에 대한 질문으로 생각의 범위를 넓히고, 삶 속에서 주변의 전기 찾기, 전기가 중요해지고 있는 이유, 지혜롭게 전기를 이용하며 살아갈 수 있는 방법 등으로 확장하여 놀이하였습니다.

> **질문으로 사유하는 교사~되기**
>
> AI 시대, 편리함에 익숙해지면서 인간이 잊거나 잃을 수 있는 것은 무엇일까요?
> 인간이 잊거나 잃지 말아야 할 것은 무엇이 있을까요?

그림책 작가 프로젝트

❶ 아이들의 놀이 만나기

어느 날 한 아이가 교사에게 "작가가 뭐예요?" 하고 질문을 하였습니다. "작가는 글을 쓰는 사람이에요. 재미난 이야기를 상상해서 쓰기도 하고, 자신이 진짜 겪은 일을 쓸 수도 있어요." 진지한 표정을 하며 듣는 아이들에게 "여러분도 이야기를 만들어서 작가가 될 수 있어요."라고 이야기해 주자 아이들은 놀라서 되물었습니다. "우리가요?" 그리고 두 눈을 반짝거리며 말했습니다. "우리가 작가가 될 수 있대!"

❷ 질문 놀이 연결하기: 스토리 구성하기

아이들과 작가와 책의 종류에 대해 이야기를 나눈 후, ChatGPT를 활용하면 누구나 쉽게 책을 쓸 수 있음을 안내하였습니다. 우리 반 친구들이 쓰고 싶은 책의 주인공과 간단한 플롯을 질문으로 함께 정했습니다.

> **연결 프로그램**

ChatGPT, 니지·저니(niji·journey), 미리캔버스

> **준비물**

노트북, ChatGPT

> **활동 방법**

1. 다양한 질문으로 의견을 나누며 주인공과 플롯을 함께 정했다.

| 교사 | 주인공은 누구로 하면 좋을까요?
주인공의 나이와 성별은?
주인공은 무엇을 좋아하는 아이일까요?
주인공에게 무슨 일이 일어났을까요?
또 누가 나오면 좋을까요? |

2. ChatGPT에게 프롬프트를 작성하여 그림책의 글을 작성해 달라고 요청하였다. "주인공은 헤어 디자이너가 꿈인 여자아이야. 이 여자아이에게는 남동생이 있어. 주인공과 남동생에게 생긴 일을 이야기로 만들어 줘."

3. ChatGPT가 만들어 준 이야기를 아이들에게 읽어 주고, 내용과 수정 보완할 부분이 있는지 등에 관해 이야기를 나눈 후 최종적으로 그림책의 내용을 결정하였다.

한 번은 '헤이디'라는 아이가 있었어요. 헤이디는 커서 멋진 헤어디자이너가 되는 게 꿈이었답니다. 그녀는 항상 머리를 예쁘게 꾸미는 걸 좋아했어요. 어느 날, 헤이디는 동생의 머리를 예쁘게 잘라 주기로 결심했어요.

하지만 헤이디는 아직 경험이 부족해서 실수를 했어요. 동생의 머리를 엉망으로 잘라 버렸어요. 동생은 울면서 화를 냈고, 헤이디는 엄마에게 혼났어요. 그녀는 자신의 실수로 인해 동생에게 상처를 준 것 같아서 미안한 마음이 들었어요.

그런데 그날 밤, 헤이디는 동생에게 부탁하여 다시 한번 시도해 보았어요. 그녀는 조심스럽게 동생의 머리를 잘라 주었고, 이번에는 완벽하게 성공했어요! 동생은 자신의 머리를 보고 놀랐고, 헤이디의 실력에 감탄했어요.

헤이디는 동생에게 사과하고, 동생은 헤이디를 용서해 줬어요. 그 이후로 헤이디는 더욱 열심히 연습하고, 자신의 꿈을 향해 나아가기로 결심했어요. 그리고 동생은 헤이디의 가장 큰 지지자가 되어 주었답니다.

❸ 질문 놀이 펼치기: 표지 및 그림 그리기

ChatGPT가 지어 준 이야기를 그림 그려 주는 니지·저니 앱(무료버전)과 미리캔버스를 활용하여 그림을 그렸습니다.

준비물

노트북, ChatGPT, 니지·저니(niji·journey), 미리캔버스

활동 방법

1. 스마트폰에 니지·저니 앱을 설치한 후, TV SMART View 기능을 통해 화면을 공유했다.
2. 한 문장을 넣으면 AI가 문장에 맞는 그림 4장을 그려 보여 준다.
3. 아이들과 함께 4장의 그림 중 1장을 선택하여 이미지 파일을 저장하였다.
4. 모든 문장을 입력하고, 아이들과 함께 가장 적합한 그림을 선택하여 저장하였다. 이때, 주인공의 이미지가 매번 바뀌자 한 아이가 "왜 주인공이 계속 바뀌어요?"라는 질문을 했다. 이에 다음 질문으로 생각을 나누는 시간을 가져 보았다.
   - 왜 AI는 주인공을 똑같이 그려 주지 못할까요?
   - 주인공을 페이지마다 똑같이 그리게 하려면 어떤 방법이 있을까요?
   - 주인공을 똑같이 그려 주는 다른 AI가 있을까요?

5. 이미지를 다운받은 후, 교사가 미리캔버스에서 해당 이미지와 글의 내용을 넣는 작업을 지원했다.
6. 추가로 그림을 넣고 싶은 아이들이 미리캔버스를 활용해 그림을 그렸다.
7. 출력 후 함께 보면서 수정하고 싶은 부분에 대해 이야기를 나누었다.
8. 최종 수정 후 인터넷 책 출판 사이트에서 그림책을 제작하였다.

미리캔버스를 이용해서 그림을 그려요.　　　　우리가 만든 그림책이에요.

❹ 질문 놀이를 통한 배움~성찰

　아이들은 ChatGPT와 AI 앱을 활용하여 그림책이라는 창작물을 만들어 보았습니다. 이 경험을 통해 아이들은 디지털 기기와 플랫폼을 활용하면 보다 편리하게, 또 새로운 것을 창조해 낼 수 있다는 것을 알게 되었습니다. 처음에는 그림책을 만드는 건 어려울 것 같다는 인식이 있었지만, 교사의 질문에 답을 하고, 또 ChatGPT와 AI 앱을 활용하니 쉽게 그림책을 만들 수 있었습니다. 단순히 AI가 내어 주는 결과만을 그대로 활용하는 것이 아니라 글 내용의 적절성, 표현 등을 함께 논의하며 최종적으로 글 내용을 결정하고, 그리기 앱의 그림체가 일정하지 않은 이유에 대해 궁금해 하며 개선 방안 등을 고민해 보기도 하였습니다.

　이 놀이에서 필자가 중요하게 생각하는 것은 그림책을 만든 것보다 삶에서 생긴 문제점이나 호기심에 대해 질문하고 고민하며 AI의 기술을 활용해서 창조해 본 경험입니다. 또, 그 과정에서 AI의 한계점을 인식하고, 보다 나은 결과를 위해 친구들과 다양한 의견을 나누고 고민하며 AI를 활용해 본 경험이 무엇보다 의미 있었다고 생각합니다.

> **질문으로 사유하는 교사~되기**
>
> 사람들은 왜 글을 쓰고 새로운 것을 창조하고 싶어 할까요? 선생님이 만약 책을 쓴다면 어떤 내용을 담아 글을 쓰고 싶나요?

리뷰는 사랑입니다

❶ 아이들의 놀이 만나기

역할놀이에서 붕어빵 가게 놀이가 한창이었습니다. 예진이가 친구들에게 "붕어빵 사러 오세요!" 하고 외쳤습니다. 친구들과 블록 놀이를 하던 태은이가 "배달돼?" 하고 물어보았습니다. 신이 난 예진이가 "응. 스마트폰으로 주문하면 돼."라고 이야기하자 붕어빵 가게 놀이가 시작되었습니다.

❷ 질문 놀이 연결하기: 붕어빵 가게 놀이

며칠 동안 붕어빵 가게 놀이를 하는 아이들, 그러나 늘 손님이 없어 재미가 없습니다. "반 친구들이 손님이 되면 좋겠어요."라는 한 아이의 제안에 다 같이 해 보기로 계획하였습니다.

연결 프로그램

미리캔버스, 터치스크린, 띵커벨 또는 패들렛

준비물

미리캔버스, 터치스크린, 붕어빵 가게 필요 소품 등

활동 방법

1. 다양한 질문을 통해 붕어빵 가게에 대한 이야기를 나눈 후, 놀이를 준비하였다.

| 교사 | 붕어빵을 먹어 본 적이 있나요? |

> 붕어빵은 어떻게 만들까요?
>
> 붕어빵의 종류에는 어떤 것이 있나요?
>
> 붕어빵 가게 놀이를 하려면 무엇이 필요할까요?
>
> 누가 무엇을 준비하면 좋을까요?

2. 역할을 나눠서 미리캔버스를 이용하여 붕어빵 봉지 라벨, 가게 이름표 등을 만들었다.
3. 붕어빵 가게 놀이를 준비한 후, 다 함께 놀이하였다.

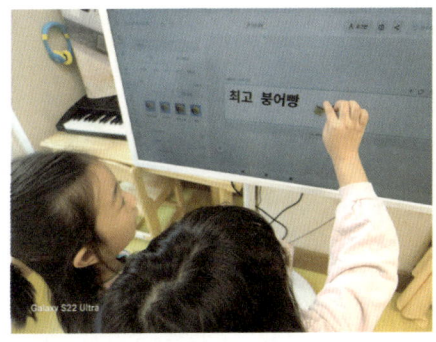

미리캔버스를 이용해 필요한 소품을 만들어요.

붕어빵 가게 놀이를 해요.

❸ 질문 놀이 펼치기

최근 전자상거래 사이트나 배달 앱 등을 통한 온라인 구매가 많아짐에 따라 리뷰가 중요한 문화로 자리잡았습니다. 아이들의 놀이 속에서도 구매와 리뷰 쓰기를 연계하여 놀이해 보도록 하였습니다.

준비물

띵커벨 또는 패들렛

활동 방법

1. 붕어빵 가게 놀이 후 이야기를 나누었다.

교사	붕어빵을 먹어 본 소감이 어땠나요? 혹시 '리뷰'라는 말을 아나요? 음식, 장소, 물건을 사용해 보고 느낀 점을 점수를 주거나 말로 표현하는 것이에요. 사진을 찍어서 보여 줄 수도 있어요.
아이 1	엄마가 리뷰 쓰는 것 봤어요.

2. 실제 사람들의 리뷰를 본 후 이야기를 나눈다.

교사	그럼, 물건을 사는 사람이 리뷰를 보면 어떤 점이 좋을까요?
아이 1	물건이 어떤지 알 수 있어요.
교사	그래요. 내가 물건을 사기 전이나 음식을 먹어 보기 전에 미리 리뷰를 보면 그 물건이나 음식에 대해 알 수 있어요. 그럼 리뷰는 어떻게 쓰는 것이 좋을까요?
아이 2	먹어 보고 써요.
아이 3	직접 써요.
교사	직접 사용하거나 먹어 보고 쓰는데 아직 먹어 보거나, 물건을 써보지 않은 사람들에게 도움이 되게 하려면 어떻게 쓰는 게 좋을까요?
아이 4	자세하게 써요.
아이 5	어떤 게 좋았는지 써요.
교사	좋은 리뷰는 이렇게 써야 한대요. 한번 들어 보세요. 첫 번째는 사용법, 기능, 좋은 점, 나쁜 점, 음식은 가격, 모양, 식당이 깨끗한지 등을 자세히 써요. 두 번째는 사용하고 나서 어떤 효과가 있었는지, 먹어 보니 어떤 맛이었고, 식당을 가 보니 어떤 점이 좋았

> 는지 등을 써요. 세 번째는 사진이나 동영상을 같이 올려 주면 다른 사람이 사진을 보고 알 수 있어요. 네 번째는 객관적으로 쓰는 게 좋아요. 객관적으로 쓴다는 말은, 내가 기분 나쁘다고 나쁘게 쓰고, 내가 아는 사람이라고 나쁜데도 좋게 쓰면 안 된다는 뜻이에요.
> 우리 친구들도 오늘 집에 가서 엄마랑 같이 리뷰를 써 볼까요?
>
> **아이들**   네~

3. 가정과 연계하여 붕어빵 가게 리뷰 쓰기를 해 보았다.

① 먼저 학부모에게 붕어빵 가게 놀이 과정, 놀이 사진, 좋은 리뷰 쓰기 요령을 함께 안내하였다.

② 부모님과 아이들이 함께 붕어빵 가게의 경험에 대해 이야기를 나눈 후, 리뷰 요령에 따라 리뷰 작성을 하도록 하였다.

③ 다음 날 작성한 리뷰를 함께 공유해서 보며 누구의 리뷰가 가장 도움이 되었는지 이야기 나누며 리뷰왕을 뽑았다.

띵커벨 활용 리뷰 쓰기

❹ 질문 놀이를 통한 배움~성찰

이제는 직접 눈으로 보고 좋은 물건인지 확인하고 물건을 사는 것이 아닌, 온라인에서 물건을 사는 일이 더 많아졌습니다. 하지만 제품 사진과 상세 정보만으로 진짜 좋은 물건인지 판별하는 것은 한계가 있어 실제 물건을 사용해 본 사람들의 리뷰를 보고 도움을 받아 구매를 합니다. 실제 물건에 대한 정보만큼 리뷰가 중요해진 거죠. 그러다 보니 어떤 소비자는 리뷰를 미끼로 별점 테러와 같은 횡포를 부리기도 하고, 물건을 파는 사람들은 리뷰를 부풀리는 등의 문제점이 나타나고 있습니다. 이에 바르게 리뷰를 쓰고, 읽고, 판단하는 법을 어린 시절부터 경험하고 교육함으로써 건전한 리뷰 문화를 만들면 좋겠다는 교사의 의도를 담아 놀이를 확장하고 지원해 보았습니다.

> **질문으로 사유하는 교사~되기**
>
> 아이들의 놀이를 리뷰와 연결해 본 것처럼 "나는 아이들과의 하루를 어떤 시선으로 기억하고 의미를 가지고 있나?" 교사로서의 삶을 리뷰해 본다면?

AI가 그려 주는 나만의 초상화

❶ 아이들의 놀이 만나기

　교실에 아이들 개인별로 사진기를 준비해 주었습니다. 덕분에 아이들은 자신이 만든 작품, 친구들과 쌓아 올린 블록, 친구들과의 셀카 등 놀이하는 모습을 사진으로 마음껏 찍을 수 있었습니다. 그러던 어느 날, 몇 명의 아이들이 서로의 얼굴을 찍어 주며 깔깔거리고 웃고 있었습니다. 궁금해서 다가가 보니 사진기 필터로 찍은 사진을 보며 재미있어 웃고 있던 것이었습니다. 웃고 있는 아이들에게 "AI는 너희들 사진을 어떻게 바꿔 줄까요?"라고 질문하였습니다. 교사의 질문에 아이들은 호기심을 가졌습니다.

❷ 질문 놀이 연결하기

　Portrait AI는 인공지능 기술을 활용하여 개인의 특성을 반영한 프로필을 생성해 주는 앱입니다. "필터가 아닌 AI는 사진을 어떻게 바꿔 줄까?" 하는 호기심으로 함께 놀이해 보았습니다.

연결 프로그램
Portrait AI 앱

준비물
Portrait AI 앱, 태블릿, 포토 프린터

활동 방법
1. 태블릿에 Portrait AI 앱을 설치한 후 이야기를 나눠 보았다.

교사	AI가 나를 어떻게 그려 줄 것 같나요?
아이 1	웃기게 그려 줄 것 같아요.
아이 2	못생기게 그릴 것 같아요.
교사	혹시 기대하는 이미지는 어떤 모습인가요?
아이 3	인어 공주처럼 그려 주면 좋겠어요.
아이 4	드래곤처럼 그려 주면 좋겠어요.

2. 아이들에게 사용법을 시범을 보여 안내하였다. 앱을 열어 사진을 찍으면 자동으로 사진을 변환시켜 준다.

3. 생성된 이미지 아래 아이콘을 누르면 다른 스타일의 이미지로 변환해 준다.

4. 친구들과 서로 사진을 찍어 변환하는 과정을 지켜본 후, 생성된 이미지 중 가장 마음에 드는 초상화를 선택하여 포토 프린터로 직접 출력하도록 하였다.

- 나의 캐릭터로 하고 싶은 것은 무엇인가요?
- 이 사진을 선택한 이유는 무엇인가요?
- 나를 가장 잘 표현한 이미지는 무엇인가요?

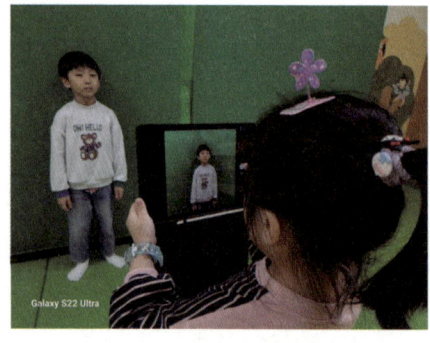

서로 사진을 찍어 줘요.

사진을 변환시켜 출력했어요.

❸ 질문 놀이 펼치기

사진을 찍어 그림으로 변환하던 중 몇 가지 궁금증이 생겨 이야기를 나눴습니다.

준비물

Portrait AI 앱, 태블릿, 포토 프린터

활동 방법

1. 아이들의 궁금증에 대해 같이 이야기를 나눠 보았다.

아이 1	선생님, 왜 초록색 배경에 사진을 찍어야 해요?
교사	초록색 배경이 아닌 곳에서 사진을 찍으면 어떻게 될까요?
아이 2	사진이 다를 것 같아요.
아이 3	초록색으로 나올 것 같아요.
교사	어떻게 다른지 한 번 찍어 볼까요?

2. 사진을 찍어 변환된 이미지를 비교해 보니, 초록색 배경이 아니어도 결과는 똑같았다. 이후 초록색 배경이 아닌 곳에서 자유롭게 사진을 찍어 변환할 수 있었다.

3. 몇 명의 아이들은 AI가 성별을 반대로 인식하여 초상화를 변환시켜 주었다.

아이 1	선생님, 현수는 남자인데 왜 여자로 그림을 그려 줘요?
교사	AI가 왜 성별을 바꿔서 그림을 그려 줬을까요? 어떤 특징이 있을까요?
아이 2	턱이 뾰족하면 여자로 그려 주는 것 같아요.
아이 3	눈이 큰 아이는 여자로 그려 줘요.
아이 4	머리가 짧으면 남자, 머리가 길면 여자로 그려요.

아이 5	아니야. 머리가 짧은 종석이도 여자로 그려 줬어.
아이 6	표정을 바꾸면 남자로 인식할 수도 있어.
아이 7	포즈를 바꾸면 바뀔 수도 있어.

4. 아이들의 의견에 따라 표정과 포즈를 바꿔 사진을 찍어 본 후 이야기를 나누었다.

아이 1	표정이랑 포즈를 바꿔도 사진은 똑같아.
아이 2	도대체 AI는 왜 남자와 여자를 바꾸는 거야?
교사	AI가 아직 남자와 여자를 확실하게 구분하지 못하는 건 아닐까요?
아이 3	맞아요. 그럴 수 있어요.
아이 4	AI가 자기 마음대로 그리는 것 같아요.

AI가 그려 준 초상화

AI가 그려 준 초상화

❹ 질문 놀이를 통한 배움~성찰

AI가 남자를 여자로 인식한 이유에 대해 이야기를 나누는 것이 무척 재미있었습니다. 포즈와 표정을 바꾸어 사진을 찍어 봐도 결과는 같았습니다. 아쉽게도 확실

한 이유를 알지는 못했지만, AI가 내어 주는 결과를 그대로 받아들이는 것이 아니라, 그 이유를 생각하고 예측해 보며 나누는 질문과 대화가 매우 의미 있었습니다. ChatGPT 최신 버전은 환각률이 48%라고 합니다. 환각률이란 AI가 진실과 거짓을 결정할 수 없어 가짜 정보를 지어 내는 비율입니다. 틀린 답을 진실처럼 대답하는 것인데, 그 비율이 48%라고 하니 놀랍습니다. 이 이야기는 수많은 정보 속에서 비판적 사고를 통해 유용한 정보를 찾아 활용할 수 있는 능력을 유아기부터 키워 주어야 한다는 뜻입니다. 교사가 계속해서 질문해야 하는 이유입니다.

질문으로 사유하는 교사~되기

급변하는 사회 속에 부모의 사랑, 환경의 중요성, 놀이의 가치 등 변하지 않는 중요한 것들이 있습니다. 선생님에게 변하지 않는 중요한 것 또는 지키고 싶은 것은 무엇인가요?

우리 반 책 만들기

❶ 아이들의 놀이 만나기

졸업이 다가오는 시즌이면 아이들은 유치원을 떠나기 싫다며 아쉬움을 표현합니다. 교사도 정들었던 아이들과 헤어지려니 아쉽기는 마찬가지입니다. "우리반 친구들을 오래 기억할 수 있는 방법은 무엇이 있을까?"를 질문하고 아이들과 함께 이야기를 나누었습니다. 책 만들기 경험이 있는 아이들은 반 친구들이 모두 함께 책을 만들자라는 의견을 냈습니다. 아이들 의견에 교사가 이번에는 "종이책이 아닌 디지털 책을 만들어 보면 어때요?" 하고 제안을 하였습니다.

❷ 질문 놀이 연결하기

우리들만의 추억을 남기는 방법은 무엇이 있을지 고민하다 시공간을 초월한 우리 반의 추억 만들기 프로젝트를 함께 해 보았습니다.

연결 프로그램

북크리에이터, 태블릿, SUNO(노래 만들기) 앱

준비물

칠판, 보드 마커

활동 방법

1. 우리 반 책에 담고 싶은 내용에 대하여 이야기를 나누었다.

| 교사 | 우리 반 책에 담고 싶은 내용은 무엇인가요? |

아이 1   우리 반 친구들 사진이요.

아이 2   친구들이 좋아하는 음식이요.

아이 3   친구들에게 쓴 편지요.

아이 4   제일 잘하는 것이요.

아이 5   제일 좋아하는 장난감이요.

아이 6   좋아하는 색이요.

아이 7   제일 좋아하는 친구요.

아이 8   동생들에게 하고 싶은 말이요.

2. 여러 가지 의견 중에 담고 싶은 내용을 투표를 통해 결정하였다.

❸ 질문 놀이 펼치기

전자책을 만드는 과정에서 아이들 스스로 다양한 앱을 활용해 보며 디지털 활용 역량을 키워 보았습니다.

준비물

태블릿, 도화지, 색연필, 연필, 색상지, SUNO 앱

활동 방법

1. 아이들이 뽑은 질문을 토대로 함께 그림을 그리거나 편지를 썼다.
2. 책 표지 그리기, 사진 찍기, 파일 업로드, 목소리 더빙 등 역할을 나눠 참여하였다.

우리 유치원 소개 그림 그리기

사진 찍어 업로드하기

북크리에이터를 활용한 우리 반 책

QR코드

3. 우리 반 노래를 SUNO를 이용하여 만든 후 삽입하였다. 이때 질문을 통해 어떤 노래를 만들지 결정하여 학급에 어울리는 노래를 완성하였다.

SUNO를 이용한 우리 반 노래 만들기

SUNO가 만들어 준 우리 반 노래

❹ 질문 놀이를 통한 배움~성찰

함께 만든 책을 아이들은 물론 학부모에게도 온라인으로 쉽게 공유할 수 있는 세상이 되었습니다. 책에는 아이들의 그림은 물론 목소리와 AI가 만들어 준 반 노래까지 담았습니다. 다양한 디지털 콘텐츠를 이용하면 아이들과 할 수 있는 놀이가 다양해지고, 손쉽게 멋진 결과물을 제공합니다.

책을 만들면서 반 아이들은 무척 신이 나서 적극적으로 참여를 했습니다. 반 아이들 중 한 명도 빠짐없이 역할을 나눠 참여했기 때문입니다. 목소리 넣기, 표지 그림 그리기, 사진 찍어 업로드하기 등 자신이 잘할 수 있는 것들을 선택하고, 주도적으로 책을 만들었습니다. 아마도 얼마 남지 않은 유치원 생활의 마지막 프로젝트라 생각하니 더욱 애착이 갔을 수도 있습니다.

"어떻게 하면 더 좋은 결과물을 만들 수 있을까?"를 함께 질문하고, 의논하며 협업하는 아이들의 모습을 보며 일 년 동안 아이들이 성장한 것 같아 대견스럽고, 가슴 뭉클했었습니다. 디지털 놀이는 특히 보여지는 결과가 화려하기 때문에 과정보다 결과에 집중하기 쉽습니다. 그러나 앞서 말한 바와 같이 디지털 놀이의 교육적 효과를 기대하기 위해서는 놀이 방식을 고민하고, 친구들과 협업하며, 놀이 과정에서 긴밀한 상호작용 등이 꼭 필요하다는 것을 잊지 말아야 합니다. 그러기 위해서는 교사가 스스로 중요한 것이 무엇인지 늘 질문하고 사유하는 시간이 꼭 필요합니다.

> **질문으로 사유하는 교사~되기**
>
> 함께 만들어 가는 과정은 결과만큼 소중합니다. 교사로서 동료 교사들과 힘들지만 함께 했던 일은 무엇이 있나요? 그 과정을 통해 성장한 것은 무엇인가요?

그림책을 활용한 질문 놀이

그림책은 아이들과 질문 놀이를 하기에 매우 좋은 매체입니다. 일단 분량이 짧아 아이들이 집중하기 좋으며, 글과 그림이 각각 의미를 전달해 주기 때문입니다. 글을 잘 몰라도 그림을 통해 내용을 이해할 수 있고, 글을 알면 그림을 통해 더 다양한 의미를 찾을 수 있습니다. 또, 그림책은 아이들의 생활 속의 모습 또는 상상 속의 이야기를 담아 재미와 흥미는 물론 감동을 주기도 합니다.

그림책을 활용한 질문 놀이는 그림책을 읽은 후 주인공의 모습, 배경, 줄거리 등에서 궁금한 내용을 질문하고, 함께 이야기를 나누거나 놀이로 연결하여 아이들의 흥미와 자발적 참여를 높일 수 있습니다. 또 그림책을 읽으며 생긴 질문으로 서로의 생각을 이야기 나누는 질문 놀이는 아이들의 사고를 확장하고 깊어지게 도와줍니다. 궁금한 질문을 놀이를 통해 답을 찾아가며 문제를 해결해 보는 경험은 아이들의 삶과 연계한 배움의 방식으로 주도적으로 성장할 수 있는 힘이 됩니다.

그림책을 활용한 질문 놀이는 단계별로 순서를 지켜서 하거나, 모든 단계의 활동을 하지 않아도 됩니다. 그림책, 그날의 상황, 아이들의 흥미 등에 따라 한 가지만 해도 됩니다. 질문 놀이에는 정답이 있는 것도, 규칙이 있는 것도 아닙니다. 아이들의 흥미과 관심에 따라 아래 예시를 참고하여 각 교실에서 다양하게 활동해 보세요.

질문 놀이를 위한 그림책 선정 시 고려할 점

1. 흥미로운 이야기와 생생한 삽화가 담긴 그림책
① 아이들이 공감하거나 호기심과 궁금증을 일으키는 내용인가?
② 아이들의 일상 경험과 연결할 수 있는 내용 또는 소재인가?
③ 아이들에게 매력적이고, 생동감이 있는 그림인가?
④ 재미의 요소가 담겨 있거나 숨어 있어 아이들의 흥미를 자극하는 그림인가?

2. 질문의 요소가 담긴 구성
① 이야기 속에 반전, 문제 상황, 다양한 감정 변화, 숨은 내용 등이 담겨 있는가?
② 아이들이 이해하기 쉽고, 책의 글밥이 적절하게 구성되었는가?

3. 교육적 가치관
① 그림책에 담겨 있는 가치가 교육적으로 긍정적 의미인가?

그림책을 활용한 질문 놀이 단계별 활동 예시

1. 그림책 읽기 전
① 책 표지를 보며 질문하여 아이들의 흥미 유발하기
② 책 표지의 그림을 보고 질문하여 책의 내용 유추하기
③ 제목을 가린 후 제목 상상하기 (책을 읽은 후 제목 맞히기)

2. 그림책을 읽는 중
① 책의 기본 내용을 이해하는지 사실 질문하기
② 다음 내용을 상상하며 유추하는 질문하기

3. 그림책을 읽은 후

① 책 속의 질문: 책의 기본 내용(인물, 사건, 상황 등)을 이해했는지 사실 질문하기, OX퀴즈, 수수께끼 등 다양한 형태로 흥미롭게 참여할 수 있다.

② 생각 속의 질문: "○○은 어떻게 됐을까?" 등 책 속에 나오지는 않았지만 상상하여 의미를 찾을 수 있는 내용 질문하기

③ 마음속의 질문: '만약 ~라면'이라는 질문으로 삶과 적용하기

④ 그림책을 읽은 후 생각나는 단어로 빙고 게임

⑤ 그림책을 읽은 후 생각나는 단어와 이유 말해 보기

⑥ 그림책을 읽고 생긴 질문 모아서 짝꿍과 대화하기

⑦ 그림책 질문을 다양한 놀이(실험, 놀이, 미술 등)로 연결하기

질문에 답을 찾아라

❶ 아이들의 놀이 만나기

가을이 성큼 다가오자 바깥 놀이터 화단에는 꽃사과, 감, 솔방울 등의 열매가 열리기 시작했습니다. 아이들은 나뭇가지에 매달려 있는 감을 관심을 가지고 보다가 주변에 떨어져 있는 꽃사과와 솔방울을 발견했습니다. 한 아이가 꽃사과와 솔방울을 줍기 시작하자, 이내 다른 아이들도 따라 줍기 시작했습니다. 2개밖에 줍지 못한 영진이가 두 손 가득 주운 진이를 부러운 듯 쳐다봅니다.

❷ 질문 놀이 연결하기: 그림책 읽고 질문 모으기

솔방울을 모으다 경쟁이 붙은 아이들의 모습을 보며 떠오른 그림책 『욕심꾸러기 시릴과 브루스』. 아이들은 욕심을 부리며 다투던 시릴과 브루스에서 자신의 모습을 볼 수 있을까요?

연결 그림책

『욕심꾸러기 시릴과 브루스』(레이철 브라이트 글, 짐 필드 그림, 에듀앤테크)

추운 겨울을 준비하는 두 마리의 다람쥐 이야기다. 겨울을 대비해 열심히 열매를 모으는 계획파 브루스와 일 년 내내 놀기만 하다 뒤늦게 겨울 식량을 준비하는 기분파 시릴. 숲속 마지막 남은 솔방울 하나를 동시에 발견하고는 열심히 달려가는데, 과연 솔방울은 누가 가지게 될 것인가?

준비물

그림책, 칠판 또는 종이, 펜 등

활동 방법

그림책을 읽어 준 뒤, 아이들에게 그림책 내용을 질문하며 함께 이야기를 나눴습니다. 책을 읽은 후 아이들의 궁금한 점이 무엇인지 질문한 뒤, 아이들의 질문을 모아 교사가 작성해 주었습니다.

Q1. 왜 다람쥐에게 줄무늬가 없어요?
Q2. 기분파와 계획파가 뭐예요? 계획파가 진짜 솔방울을 더 많이 모아요?
Q3. 딱딱한 솔방울을 먹어요?
Q4. 시릴은 숲에서 무엇을 하고 놀았어요?

❸ 질문 놀이 펼치기: 질문에 답을 찾아라

그림책을 읽고 아이들의 질문을 모은 후, 순위를 정해 순서대로 함께 답을 찾아보기로 했습니다.

준비물

그림책, 다람쥐 종류별 사진, 다람쥐 관련 관찰책 등

활동 방법

Q1. 왜 다람쥐에게 줄무늬가 없어요?

1. 아이들과 질문에 대한 서로의 생각을 나누었다.

아이 1	다람쥐들은 줄무늬가 있는데 왜 시릴과 브루스는 줄무늬가 없어요?
교사	왜 줄무늬가 없을까요? 혹시 다람쥐는 한 종류만 있을까요?
아이 2	아니오. 강아지도 여러 종류가 있어요.
교사	그럼 다람쥐는 어떤 종류가 있을까요?

| 아이 3 | 날다람쥐도 있어요. |

2. 다람쥐의 종류에 대해 알아보기로 한 뒤, 책, 인터넷 등에서 찾은 다양한 종류의 다람쥐 사진을 모아 출력하여 교실에 붙여 주었다.
3. 다람쥐 사진들을 살펴본 후 함께 이야기를 나누었다.

아이 1	선생님, 여기 사진에 시릴과 브루스가 있어요. 시릴과 브루스는 붉은 다람쥐였어요!
교사	왜 그렇게 생각해요?
아이 2	여기 색이 주황색이잖아요. 줄무늬도 없어요.
아이 3	귀도 좀 쫑긋해요.
아이들	맞아, 시릴과 브루스는 붉은 다람쥐야.

4. 아이들은 사진을 통해 관찰한 다양한 근거를 제시하며 시릴과 브루스가 붉은 다람쥐라고 예측했다.

Q2. 기분파와 계획파가 뭐예요?

1. 아이들과 질문에 대한 서로의 생각을 이야기 나누었다.

아이 1	기분파와 계획파가 뭐예요?
교사	겨울이 오면 식량을 미리 준비해야 하는데 시릴처럼 기분에 따라 하고 싶으면 하고, 하기 싫으면 안 하는 사람을 기분파라고 말해요. 계획파는 브루스처럼 미리 무엇을 할지 생각해 보고, 언제 해야 할지 미리 생각해서 일을 하는 사람을 말해요.
아이 2	아, 그럼 난 계획파네.
아이 3	난 기분파야.
교사	그럼 여러분이 기분파인지, 계획파인지 궁금한가요?
아이들	네.

2. 체크리스트를 만들어 출력해 나눠 주고 교사가 읽어 주면서 아이들이 스스로 체크해 보도록 했다. 아이들이 표시한 것을 보고 기분파, 계획파로 나누어 보았다.

기분파	계획파
1. 나는 내 기분이 중요해요. 2. 나는 정리를 잘할 때도 있고, 못할 때도 있고 기분에 따라 좀 달라요. 3. 나는 상황에 따라 약속을 지켜요.	1. 나는 해야 할 일이 중요해요. 2. 나는 언제나 정리를 잘해요. 3. 나는 항상 약속을 잘 지켜요.

❹ 질문 놀이 펼치기: 솔방울 줍기

그림책 내용처럼 진짜 계획파가 솔방울을 더 잘 모을까? 궁금한 아이들과 함께 기분파, 계획파로 나눈 후 솔방울 줍기를 했습니다.

준비물

전지, 크레파스, 바구니 등

활동 방법

1. 놀이 시간에 계획파 친구들을 따로 모아 솔방울 줍기 계획을 세웠다.
2. 솔방울을 주울 수 있는 곳을 미리 예측하여 계획파 친구들과 함께 솔방울 지도를 만들었다.
3. 다음 날, 계획파와 기분파를 나누어 솔방울 찾기를 했다. 1시간의 놀이 시간 동안 기분파는 자유롭게 솔방울 찾았고, 계획파는 솔방울 지도를 만들 때 예측했던 장소로 가서 먼저 솔방울을 찾았다.
4. 1시간 뒤 교실에서 서로의 솔방울 바구니를 비교해 보았다.
5. 모아 온 솔방울 개수를 함께 세어 보고, 다 같이 이야기를 나누었다.

솔방울 예측 지도를 만들어요.

솔방울을 찾아요.

계획파와 기분파 솔방울 줍기 결과

6. 놀이 시간이 끝난 뒤, 모아 온 솔방울을 가지고 '계획'에 대하여 이야기를 나누었다.

교사	왜 계획파 친구들이 솔방울을 더 많이 모았을까요?
아이 1	놀지 않아서요.
아이 2	미리 솔방울 있는 곳을 지도로 그리고 솔방울을 주워서요.
아이 3	계획을 세워서요.
교사	그럼 계획을 세우는 것은 좋을까요?
아이들	네.

교사	그런데 모든 일에 계획을 세우면 계획대로 될까요?
아이들	네.
교사	브루스가 마지막 솔방울을 갖고 싶어 했는데 어떻게 됐나요?
아이 4	계획대로 안 됐어요.
교사	맞아요. 선생님도 주말에 캠핑을 가려고 계획을 세웠는데 비가 많이 온다고 해서 못 갔던 적이 있었어요. 여러분도 그런 적 있어요?
아이 5	놀이 시간에 그림 그리고 역할놀이 하려고 했는데 시간이 없어서 못했어요.
아이 6	○○이랑 놀려고 했는데 결석해서 못 놀았어요.
교사	그럴 땐 어떻게 하면 좋을까요?
아이 6	음… 다음에 같이 놀아도 돼요.
아이 5	다른 거 하면 돼요.
교사	혹시 계획에 없던 일을 한 적은 있나요?
아이 7	저는 계획에 없었는데 집에 가다 친구랑 놀이터에서 놀았어요.
아이 8	저는 엄마가 아이스크림 사줬어요.

❺ 질문 놀이를 통한 배움~성찰

기분파, 계획파로 나누어 놀이를 진행하여 막상 계획파 친구들의 솔방울이 많이 나오자 떠오르는 질문이 있었습니다. "아이들이 솔방울의 양으로 계획파와 기분파를 판단하고 평가해도 될까?"였습니다. 계획파와 기분파는 성향이 다를 뿐인데 아이들이 '좋다', '나쁘다'로 판단할까 봐 염려되었습니다. 살아가면서 우리는 계획대로 되는 일도 있지만, 사실은 계획대로 되지 않을 때가 훨씬 더 많다는 것을 경험으로 배웠습니다. 또 계획을 세우지 않았지만 번뜩이는 아이디어로 몰입하는 사람도 있고요. 이 질문 놀이를 통해 혹시나 아이들이 '무조건 계획을 세워야 한다'는 고정관념을 갖게 될까 걱정되어 질문을 하고 대화를 나누었습니다.

계획파 친구들이 잘하는 것, 기분파 친구들이 잘하는 것이 다르고, 계획에 없던 친구를 만나고 아이스크림을 사먹는 것처럼 계획이 없어도 즐거운 일이 생길 수 있습니다. 물론 계획이 필요할 때도 있습니다. 아무 계획 없이 살다가 시릴처럼 낭패를 볼 때도 있으니까요. 솔방울 찾기 놀이를 시작으로 질문하고 생각을 나눔으로써 아이들이 계획에 대해 좀 유연하게 사고할 수 있었으면 좋겠다는 생각을 했습니다. 변화하는 시대에 융통성을 가지고 대처하고 적응해 나갔으면 하는 바람입니다.

> **질문으로 사유하는 교사~되기**
>
> 선생님은 기분파 또는 계획파 중 어디에 속하나요? 선생님만의 장점은 무엇인가요? 또 내가 보완해야 할 점은 무엇일까요?

너는 어떤 아이야?

❶ 아이들의 놀이 만나기

우리 반 민규는 자칭 타칭 장난꾸러기입니다. "선생님, 저는 장난꾸러기예요. 장난이 너무 재미있어요. 히히히." 민규는 항상 오늘은 어떤 장난을 칠까 궁리하는 듯 두 눈이 반짝반짝 빛났고, 입가에 미소가 가득하였습니다. 호기심 가득, 재미 가득한 조금은 엉뚱해 보이는 민규를 보면서 덩달아 웃음이 지어집니다.

❷ 질문 놀이 연결하기: 주인공 새롭게 바라보기

아이들은 스스로에 대해 어떻게 생각하고 있을까요? 왠지 민규를 보면 떠오르는 그림책 『에드와르도』를 읽고 아이들과 이야기 나눠 보고 싶었습니다.

연결 그림책

『에드와르도 : 세상에서 가장 못된 아이』(존 버닝햄 글·그림, 비룡소)

에드와르도는 아침에 일어나면 옷을 입고, 아침을 먹고, 학교에 가서 장난을 치며 놀다가 저녁을 먹고 잠자리에 드는 흔히 볼 수 있는 보통 꼬마이다. 하지만 어른들에게는 말썽꾸러기로만 보이는 에드와르도에게 변화가 시작되는데….

준비물

그림책 PPT, 그림책, 종이, 색연필, 연필 등

활동 방법

1. 아이들의 시선으로 바라보는 주인공 에드와르도의 모습은 어떤지 함께 이야기를 나누어 보았다.

아이	에드와르도는 세상에서 가장 못된 아이이기도 하고, 세상에서 가장 사랑스러운 아이라는데, 도대체 에드와르도는 어떤 아이예요?
교사	에드와르도는 어떤 아이일까요?
아이 1	에드와르도는 『안 돼, 데이비드!』에 나오는 데이비드랑 비슷한 아이 같아요.
교사	왜 그렇게 생각해요?
아이 1	장난꾸러기이니까요.
아이 2	에드와르도는 나쁜 아이예요. 동생을 밀었으니까요.
교사	동생들을 보살펴 주기도 했는데 그래도 나쁜 아이일까요? 혹시 좋은 점은 없나요?
아이 3	에드와르도는 좋기도 하고, 나쁘기도 한 아이예요.
아이 4	에드와르도는 중간적인 아이예요.
교사	왜 그렇게 생각해요?
아이 4	나쁠 때도 있고, 좋을 때도 있으니까요. 중간 같아요.
교사	그럼 어린이들이 하는 장난은 모두 나쁜 걸까요? 에드와르도가 하는 행동들을 '나쁘다', '좋다'로만 말할 수 있을까요?

2. 아이들의 답에 꼬리 질문을 하며 다시 생각해 볼 수 있도록 하였다. 아이들과 이야기를 나누면서 자연스럽게 토론이 되었다.

교사	에드와르도는 왜 그런 행동을 했을까요?
아이 5	장난치고 싶어서요.
아이 6	심심해서요.
아이 7	놀고 싶어서요.
교사	그럼 장난치고 싶고, 심심하고, 놀고 싶어서 하는 행동은 나쁜 걸까요?

아이 8	그런데 화분을 발로 찼잖아요. 화분을 찬 건 나쁜 거예요.
아이 9	화분을 실수로 찰 수도 있지 않아?
아이 10	맞아. 실수로 찬 거야. 그림을 보면 알 수 있어. 선생님, 에드와르도는 그냥 아이예요.
교사	왜 그렇게 생각해요? 그냥 아이는 어떤 아이인지 설명해 줄 수 있어요?
아이 10	장난도 치고, 혼도 나고, 도와주고, 칭찬도 받으니까 그냥 아이 같아요.
아이들	맞아요. 그냥 아이예요. 우리도 에드와르도처럼 그냥 아이예요.

생각 모으기

❸ 질문 놀이 펼치기

놀이 시간, 아이들과 감정 카드를 활용하여 자신의 감정 찾기를 함께 해 보았습니다.

준비물

종이, 필기도구, 감정 카드

활동 방법

1. 자신의 이야기를 친구들에게 소개한다.

교사	나의 행동을 보고 어른들이 한 말 중 기억나는 말이 있나요?
아이 1	밥 먹는데 잘 안 먹는다고 "그럴 거면 밥 먹지 마!" 하고 소리 질렀어요!
아이 2	한글 공부하는데 잘 못한다고 "바보야!"라고 했어요.
아이 3	설거지하는데 시끄럽다고 "입 다물어!"라고 했어요.
아이 4	팥빙수 만들어 달라고 말했는데 "기다리라고 했잖아!" 하고 무섭게 말했어요.

자신의 이야기를 친구들에게 소개하기

2. 이야기를 들은 후, 말한 친구의 감정을 생각해 본 후 감정 카드를 골라 친구에게 주며 질문한다. "너 너무 슬펐어?"
3. 친구의 질문을 듣고, 자신의 감정을 떠올려 본 후 맞으면 카드를 받는다.
4. 만약 친구의 질문을 듣고, 자신의 감정과 다르면 카드를 받지 않는다. "미안한데, 기쁘지는 않았어."

5. 감정 카드를 모두 찾으면 다 함께 감정을 공감하는 말을 해 준다. "친구야, 너는 우울하고, 짜증 나고, 귀찮고, 속상하고, 슬프고, 괴로웠구나."
6. 순서대로 돌아가며 같은 방법으로 감정 찾기와 공감하기를 한다.

감정 카드를 찾아 줘요.

감정 카드

❹ 질문 놀이를 통한 배움~성찰

우리는 아이들을 행동으로 쉽게 판단합니다. 아이들의 감정과 감정 너머의 욕구는 무엇인지 보려고 하지 않습니다. 아이들을 내가 가르쳐야 하는 존재, 당연히 훈육해야 하는 존재, 어른의 뜻을 따라야 하는 존재라고 생각하고 있는 것은 아닌지요?

아이들은 에드와르도를 통해 자신을 보았습니다. 처음에는 아이들도 에드와르도를 '좋다', '나쁘다'라는 이분법적 사고로만 판단하는 모습을 보였습니다. 교사의 꼬리 질문으로 아이들은 이분법적 사고에서 조금씩 벗어나 자신들을 '그냥 아이'라고 말합니다. 스스로 있는 그대로, 되기의 존재, 역동적으로 변화하고 있는 존재로 인식하는 것 같아 기특했습니다.

> **질문으로 사유하는 교사~되기**
>
> 선생님에게 아이들은 어떤 존재인가요? 또 아이들에게 선생님은 어떤 존재이고, 어떻게 기억되길 바라나요?

인사이드 아웃

❶ 아이들의 놀이 만나기

색깔 놀이가 한창이던 교실, 며칠째 혼합 색을 만드는 아이들을 보며 그림책 『컬러 몬스터』가 생각났습니다. 자신의 감정이 뒤섞여 어떤 마음인지 모르는 컬러 몬스터와 같은 아이가 우리 반에도 있었기 때문입니다. 친구와 놀고 싶은데 화를 내고, 속상해서 다시 울기를 반복하며 하루에도 몇 번씩 오르락내리락 감정 시소를 타는 아이들을 위하여 조심스레 책장을 펼쳤습니다.

❷ 질문 놀이 연결하기

책을 읽은 후 흰색, 보라색, 금색 등은 어떤 감정인지 묻는 질문이 가장 많았습니다. 아이들의 질문에 감정 카드를 이용하여 함께 질문 놀이를 해 보았습니다.

연결 그림책

『컬러 몬스터 : 감정의 색깔』(아나 예나스 글·그림, 청어람아이)

뒤죽박죽 섞여 버린 감정 때문에 무슨 감정인지 모르겠는 컬러 몬스터. 추상적이고 복잡한 감정의 개념을 명쾌한 색깔과 이미지로 보여 주며, 다양한 감정을 놀이하듯 즐겁게 배울 수 있도록 도와준다.

준비물

색종이, 감정 카드

활동 방법

1. 감정 카드에 있는 감정을 간단히 소개하며 이야기를 나눈다.

2. 4~5명이 모여 앉는다.

3. 색종이를 중앙에 놓고 한 사람씩 색을 보고 떠오르는 감정 카드를 골라 놓는다.

4. 순서를 정하여 차례대로 이야기한다. 이때 친구들이 이야기하는 사람에게 다 같이 질문한다. "너는 왜 ○○ 감정이 떠올랐어? 너는 그 감정일 때가 언제야?"

5. 모든 사람이 이야기를 마치면 끝이 난다.

너는 어떤 기분이야?

황금색은 이런 감정일 것 같아.

보라색은 이런 감정이 떠올라.

❸ 질문 놀이 펼치기

"나의 감정(화, 기쁨, 슬픔 등)을 표현하는 방법은 무엇이 있을까요?"라는 질문에 리본을 활용하여 온몸으로 표현해 보기로 했습니다.

> **준비물**

색 리본(빨강, 노랑, 파랑, 초록, 검정, 분홍)

> **활동 방법**

1. 그림책에 나오는 색에 따라 얼굴 표정을 지어 본다.
2. "감정을 색 리본으로 표현해 볼 수 있을까요?" 하고 질문한다.
3. 색 리본을 이용하여 감정을 표현해 보도록 한다.
4. 음악에 맞춰 리본 춤을 춘다.
5. 감정을 표현해 본 후 느낌에 대해 이야기를 나눠 본다.

    "리본으로 감정을 표현해 보니 어떤 느낌이었니?"

    "기쁨을 표현할 때 어떤 기분이 들었니?"

    "슬픔을 표현할 때 어떤 기분이 들었니?"

    "만약 평상시 화가 난다면 어떻게 표현하고 싶니?"

| 화난 감정은 표정도 무섭고, 리본도 세게 움직여요. | 분홍색은 행복한 감정 같아요. 리본이 살랑살랑 움직여요. |

❹ 질문 놀이를 통한 배움~성찰

아이들은 성장하면서 감정이 분화됩니다. 생후 2~3개월경 쾌감, 불쾌감으로 느꼈던 감정이 커 가면서 기쁨, 슬픔, 분노, 평온, 질투 등 점차 세분화되고 복잡해집니다. 특히, 유아기는 감정 발달의 중요한 시기입니다. 이 시기 아이들은 다양한 감정을 새롭게 경험하고 표현하게 됩니다. 당연히 감정을 표현하고 조절하는 것이 서툽니다. 이 말은 유아기에 자신의 감정을 이해하고, 적절하게 표현하는 방법을 배워야 한다는 뜻입니다.

감정 인식과 감정 표현은 매우 중요합니다. 감정을 이해받고 공감받은 아이들이 자신과 타인의 감정도 이해할 수 있으며, 긍정적인 감정 발달은 물론 공감 능력과 사회성 발달에도 영향을 주기 때문입니다. 따라서 자신의 감정을 적절하게 표현해 보고, 다른 사람의 감정을 공감해 주는 경험은 매우 중요합니다.『컬러 몬스터』그림책과 같은 감정에 관한 책은 다양한 감정을 쉽게 설명해 주기 때문에 아이들이 자신의 감정을 인식하고 이해하는 데 도움이 됩니다. 특히나 질문과 대화를 통하여 자신의 감정을 적절히 표현해 보는 것은 매우 의미가 있습니다.

질문으로 사유하는 교사~되기

일상생활 중 떼쓰기, 울기 등 감정 표현이 서툰 아이들 곁에서 교사는 어떤 언어로 함께 머물 수 있을까요?

실수해도 괜찮아

❶ 아이들의 놀이 만나기

"선생님, 이거 안 하고 싶어요." 지희는 놀이 시간에도 친구들의 놀이를 지켜보기만 하거나, 친구가 그린 것을 똑같이 따라서 그리거나 만들기를 하며 놀이합니다. 혹여나 그림을 그리다가 조금이라도 선이 삐쳐 나가면 금세 눈물을 흘립니다. 완벽해야 하는 아이, 완벽하지 못할까 봐 시도하지 못하는 아이, 실수하면 눈물을 흘리는 아이…. 비단 지희만의 이야기가 아닙니다.

❷ 질문 놀이 연결하기

학기초, 낯설어서 그런지 실수할까 봐 걱정인 친구를 위해 격려하고 싶은 마음을 담아 소개하였습니다.

연결 그림책

『아름다운 실수』(코리나 루켄 글·그림, 나는별)

한 아이가 그림을 그리는데 실수로 눈 한쪽을 크게 그린다. 아이는 다른 쪽 눈을 크기에 맞춰 크게 그린다. 그리고 다시 그림을 그리는데 이번엔 실수로 목을 길게 그린다. 그림을 그리면서 아이의 실수는 계속되지만, 실수한 부분을 고치면서 더 멋진 그림으로 완성하는 내용이다.

준비물

활동지, 그림책, 색연필, 연필 등

활동 방법

1. 교사의 실수담을 먼저 이야기한 후, 아이들과 실수한 경험에 대해 이야기를 나누었다.
2. 그림책을 읽은 후 아름다운 실수가 되는 방법에 대해 이야기를 나누었다.

교사	어떻게 하면 책에서처럼 아름다운 실수가 될 수 있을까요?
아이 1	그림을 그리다 삐쭉 나오면 풀이라 생각해요.
아이 2	그림 그릴 때 실수하면 지우면 돼요.
아이 3	엄마 발을 모르고 밟았을 때는 사과해요.
아이 4	실수했을 때 울지 않아요.
아이 5	실수로 매운 것을 먹으면 물을 마시고, 다음부터는 헹궈서 먹어요.
아이 6	다시 한번 해 보면 돼요.
아이 7	실수를 했을 때 다른 방법으로 만들어요.
아이 8	아이스크림을 떨어뜨리면 울지 않고 다시 사요.
아이 9	그림 그리다 실수하면 종이를 뒤집어서 다시 그려요.
아이 10	실수했을 때 사과해요.
아이 11	지나가다 실수로 장난감을 떨어뜨렸을 때 제자리에 놓아요.
아이 12	친구 것을 실수로 떨어뜨리면 사과하고 주워 줘요.

그때 한 친구가 말했다.

아이 13	선생님, 그런데 실수해서 더 좋을 때도 있어요.
교사	그게 언제예요?
아이 13	제가 컵을 깨뜨렸는데, 엄마가 제가 갖고 싶은 캐릭터 컵으로 새로 사줬어요.
아이들	우와~ 엄청 좋겠다.

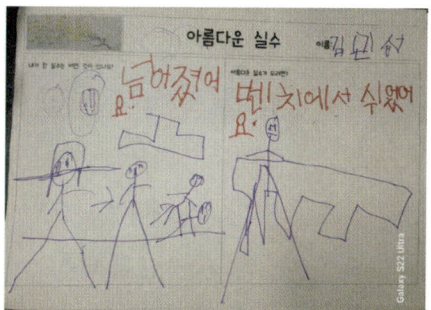

❸ 질문 놀이 펼치기: 아름다운 실수 축하파티

실수에 대하여 이야기를 나눈 후 아이들에게 좀 더 의미 있게 인식시킬 수 있는 방법은 무엇이 있을까 고민하며 활동을 제안해 보았습니다.

준비물

없음.

활동 방법

1. 아이들과 실수로 터널에서 넘어졌을 때, 어떻게 해결해야 하는지 이야기를 나누었다.

교사	터널을 지나가다 실수로 넘어지면 어떻게 해야 할까요? 넘어졌다고 제자리에서 울기만 한다면 어떻게 될까요?

아이 1	깜깜한 터널 안에 계속 있어요.
아이 2	엄마를 못 만나요.
교사	그래요. 터널 안에 계속 있게 되겠죠. 그럼 터널 밖으로 나오고 싶으면 어떻게 해야 할까요?
아이 3	일어나서 밖으로 나와요.
교사	그래요. 실수로 넘어지면 일어나서 그냥 밖으로 나오면 돼요. 그리고 가고 싶은 곳으로 다시 걸어가면 돼요. 실수를 아름다운 실수로 만들면 돼요.

2. 두 줄로 나란히 서서 마주 보고 실수 터널을 만든 후 터널 통과하기를 했다.
3. 한 사람씩 실수한 이야기를 간단히 한 후, 친구들이 만든 터널을 통과한다.
4. 친구가 터널을 무사히 빠져나오면 박수를 쳐준다. "축하해! 앞으로 실수해도 잘 해결할 수 있을 거야." 하며 격려를 해 준다.
5. 터널을 통과한 친구는 앞쪽에 서서 터널을 다시 만든다.

❹ 질문 놀이를 통한 배움~성찰

아이들은 실수를 하면 움츠려 듭니다. 야단을 맞을까 걱정이 되기도 하고, 잘하고 싶은 마음에 속이 상하기도 합니다. 그러나 『아름다운 실수』 그림책을 읽고 함께 이야기를 나누면서 실수를 실패와 패배의 의미가 아닌 해결하면 되는 하나의 작은 문제로 인식하고, 실수했을 때 해결하는 것이 중요하다는 것을 알게 되었습니다.

우리는 누구나 불완전한 존재입니다. 아이들은 물론 교사도, 부모도 마찬가지입니다. 선생님이 실수했다는 이야기에 아이들은 처음에는 의아한 표정이었지만, 누구나 실수한다는 걸 깨달았습니다. 이러한 경험이 실수에 대해 좀 더 유연한 태도를 갖게 할 것이라 믿습니다.

> **질문으로 사유하는 교사~되기**
>
> 실수는 나를 되돌아보며, 나를 더욱 성장시키는 기회가 될 수 있습니다. 실수를 성장의 기회로 삼으려면 어떤 노력이 필요할까요?

도둑을 잡아라!

❶ 아이들의 놀이 만나기

바깥놀이 시간, 열심히 도망가는 자와 잡으러 다니는 자가 있습니다. 목청껏 "잡아라!" 하고 소리 지르며 뛰어다니는 지용이에게 "잡기 놀이를 하는 거예요?" 하고 물어보았습니다. "저는 경찰이에요. 지금 나쁜 놈들 잡는 거예요." 하며 대답하기도 바쁜 듯 지용이는 다시 열심히 뛰어갑니다. 잡으러 다니는 아이도, 도망가는 아이도 땀을 뻘뻘 흘리는데 무척 즐거워 보였습니다.

❷ 질문 놀이 연결하기

바깥놀이 시간, 신나게 뛰어다니며 도둑을 잡았던 경찰들이 이번에는 추리하며 사건을 해결해 보는 경찰 역할을 해 보면 좋을 것 같아 다음 날 그림책을 소개하였습니다.

> **연결 그림책**

『도둑을 잡아라!』(박정섭 글·그림, 시공주니어)

어느 날 빨간 지붕 집에 도둑이 들었다는 신고를 받고 경찰이 왔다. 경찰은 도둑을 목격한 어린이들에게 도둑의 특징을 하나씩 들으며 찾은 용의자들을 경찰서로 잡아온다. 과연 범인은 누구일까?

> **준비물**

그림책 PPT, 스티커, 용의자 그림, 칠판자석

> **활동 방법**

1. 다 함께 경찰이 되어 사건을 해결해 보기로 하였다. 그림책에서 범인을 알려 주는 마지막 부분을 제외하고 읽어 주었다.
2. 모둠별로 의논하여 범인을 1명 선택한 후, 대표자가 나와 칠판에 용의자 번호에 자석을 붙이게 했다. 그리고 범인으로 지목한 이유를 설명하도록 하였다.

1모둠	4번이 범인 같아요. 왜냐하면 손에 보석 반지를 끼고 있어요. 보석을 숨길 시간이 없으니까 자기 손에 보석 반지를 낀 거예요.
2모둠	2번이 범인 같아요. 신문 사이에 돈이 들어 있을 것 같아요.
3모둠	6번이 범인 같아요. 손에 봉지를 들고 있어요. 봉지 안에 훔친 돈을 숨긴 것 같아요.
4모둠	1번이 범인 같아요. 손에 든 봉지에 훔친 돈을 넣은 것 같아요.

2. 각 대표자의 이야기를 듣고, 모둠별로 다시 의논하여 범인을 최종적으로 결정하도록 하였다.
3. 모둠 대표가 나와서 칠판에 자석을 붙인 후, 범인으로 지목한 이유에 대해 다시 설명하였다.

교사	모든 모둠이 1번으로 범인을 변경했는데 이유가 뭐예요?
1모둠	4번은 원래 부자일 수도 있을 것 같아요. 부자처럼 생겼어요.
2모둠	2번은 신문지에 돈을 넣으면 돈이 잘 빠져서 금방 들킬 것 같아요. 1번은 검은색 봉지라 잘 안 들킬 것 같아요.
3모둠	6번은 강아지를 데리고 있어서 아닐 것 같아요.
4모둠	1번 검은색 봉지에 훔친 돈을 숨긴 것 같아요.

4. 모두 모여 앉은 후, 교사가 범인을 공개하였다.

도둑이 누구인지 자세히 봐야겠어!

1번이 도둑일 것 같아.

❸ 질문 놀이 펼치기

그림책을 읽은 후 아이들이 궁금해 하는 질문들을 유형별로 모아 보았습니다.

> 준비물

칠판, 보드 마커

> 활동 방법

1. 그림책 속의 질문을 묻고, 질문에 답을 맞히는 퀴즈 놀이를 했다.

교사	혹시 책 속에 있는 내용을 질문할 수 있을까요?
아이 1	도둑은 어떤 집에 들어갔나요?
교사	대답할 수 있는 친구가 있을까요?
아이 2	빨간 지붕 집이요.
아이 3	도둑은 무슨 색 옷을 입었나요?

2. 생각 속의 질문을 모아 보았다.

| 교사 | 생각 속의 질문을 할 수 있을까요? |

아이 4	도둑은 왜 돈을 훔쳤어요?
아이 5	도둑은 왜 강아지랑 같이 도둑질을 했어요?
아이 6	도둑은 왜 차를 타고 도망가지 않았어요?
아이 7	강아지 이름이 뭐예요?

3. 마음속의 질문을 모아 보았다.

교사	마음속의 질문을 할 수 있을까요?
아이 8	만약에 도둑이 잡히지 않았으면 어떻게 됐을까요?
아이 9	만약에 강아지가 없었다면?
아이 10	만약에 도둑이 돈을 훔치지 않고, 돈을 벌러 갔으면?

4. 생각 속의 질문과 마음속의 질문 중에 함께 이야기를 나누고 싶은 질문을 정해 짝꿍 대화를 해 본다.
① 옆에 있는 짝꿍과 순서를 정한다.
② 한 사람이 질문을 하고, 다른 사람이 자신의 생각을 말한다.
③ 바꾸어 질문을 하고, 대답을 한다.

❹ 질문 놀이를 통한 배움~성찰

 질문을 통해 나의 생각을 표현하고, 다른 사람의 의견을 들으며 서로의 생각을 조율하는 경험은 매우 중요합니다. 서로 다른 관점을 이해하며 가장 합리적인 답을 찾아가는 과정을 통하여 창의적 사고와 문제해결력을 기를 수 있기 때문입니다. 또한 질문을 통한 퀴즈와 토론은 아이들이 흥미를 가지고 주도적으로 참여할 수 있는 활동입니다. '도둑을 잡아라!' 질문 놀이는 아이들이 그림책 속의 다양한 단서를 가지고 서로 의견을 나누며 범인을 추리해 나가는 모습이 무척 흥미로웠습니다.

질문으로 사유하는 교사~되기

질문 놀이는 '나의 답이 옳다'라기보다는 서로의 의견을 나누며 '삶의 방향'을 찾아가는 과정입니다. 아이들과 함께하는 삶 속에서 선생님이 찾은 삶의 방향은 무엇인가요?

명화를 활용한 질문 놀이

요즘에는 꼭 미술관, 박물관이 아니더라도 관광지의 벽화나 카페에 걸린 액자 등을 통해서도 쉽게 명화를 접할 수 있습니다. 또한 고흐, 에바 알머슨과 같은 유명 화가의 명화 체험관도 생겨 그림을 평면뿐만 아니라 다양한 방식으로 감상할 수 있게 되었습니다.

필자가 학교에 다닐 적만 해도 명화를 감상하는 방법은 화가의 이름과 작품명, 발표된 시기, 사용한 기법 등 그림에 대한 지식을 알고, 외우는 것이었습니다. 자연스럽게 명화는 어렵고 재미없게 느껴졌습니다. 당연히 명화에 담겨진 의미와 가치를 이해하지 못했습니다.

그러나 명화는 고전과 같이 오랜 시간 전해져 내려온 것으로, 단순히 그림의 의미를 넘어 시대의 상황, 배경 등이 다양하게 표현되어 교육적으로 가치가 큽니다. 또한 시각, 청각, 후각, 촉각, 미각 등 오감의 요소가 담겨 있어 명화 감상을 통해 이를 간접적으로 경험함으로써 상상력도 함께 키울 수 있습니다. 끝으로 명화는 색채와 형태, 구도 등 다양한 미술적 요소가 아름답게 표현되어 있어 심미적 감상 역량을 기를 수 있습니다. 이밖에도 감각 발달, 지적 발달 등 다양한 발달에 도움을 줍니다.

이러한 명화를 감상하는 데 질문 놀이는 큰 도움이 됩니다. 친구들과 서로 생각을 나누는 과정에서 다양한 시각과 해석을 접하고 그림을 더 깊이 이해하는 시간을 가질 수 있기 때문입니다. 명화를 활용한 질문 놀이를 하면서 그림의 배경, 등장인물, 화가의 의도 등을 탐색하는 것은 물론이고, 그림에 담겨진 의미가 무엇일까 친구들과 이야기를 나누면서 자신의 경험과 연결하고 상상력을 키울 수 있습니다.

또 궁금한 질문에 대한 답을 찾기 위해 생각하고, 상상하고, 놀이하며 명화를 단순히 감상하는 데 그치지 않고, 온몸으로 놀이하면서 체험하도록 하였습니다.

길 떠나는 가족의 이야기 속으로

❶ 아이들의 놀이 만나기

역할놀이에서 아이들이 서로의 역할을 정합니다. 엄마, 아빠 역할을 한 아이들이 다양한 음식을 꺼내 요리를 하고 이내 근사한 밥상을 차립니다. "애들아, 밥 먹자." 함께 모여서 밥을 먹고는 아빠는 회사로, 엄마는 수영하러, 언니는 유치원으로, 동생은 어린이집을 가기 위해 집을 나섭니다.

❷ 질문 놀이 연결하기: 육하원칙 질문으로 이야기 만들기

가족 역할놀이에 진심인 아이들과 만드는 또 다른 가족 이야기, 그림을 통해 어떤 이야기가 펼쳐질까요? 호기심으로 소개해 주었습니다.

> 연결 명화

이중섭의 〈길 떠나는 가족〉

한국전쟁 중 가족과 월남하여 피난 생활을 하게 된 화가 이중섭. 생활이 어려워지자 아내와 두 아들을 일본의 처가로 보내고, 홀로 힘든 생활을 하며 가족과 다시 만날 날을 꿈꾸며 살았다. 이 명화는 가족과 다시 만나 살고 싶은 마음을 엽서에 그려

아들에게 보낸 그림이다.

준비물
명화 출력본, 칠판, 보드 마커

활동 방법
1. 그림을 보며 함께 이야기를 나눈다. "그림 속에 어떤 것이 보이나요?"
2. 육하원칙(언제, 어디서, 누가, 무엇을, 어떻게, 왜) 질문으로 생각을 모아 이야기 줄거리를 만든다.

교사	이 그림은 누구를 그린 것 같나요?
아이 1	엄마, 아빠, 형, 아기를 그렸어요.
교사	사람들은 무엇을 하고 있나요?
아이 2	아빠는 마차를 끌고, 다른 사람은 마차를 타고 어디 가고 있어요.
교사	이 사람들은 어디를 가고 있는 걸까요?
아이 3	보석을 찾아 떠나고 있어요.
교사	왜 그렇게 생각해요?
아이 3	기분이 좋아 보여서요.
교사	마차를 타고 가고 있을 때는 언제일까요? 길을 가다가 혹시 만난 사람이 있을까요?
아이 4	농부 아저씨를 만났을 것 같아요.
교사	만나서 어떻게 했을까요?
아이 4	보석이 있는 성으로 가는 길을 물어보았어요.
교사	농부 아저씨는 뭐라고 이야기했을까요?
아이 5	앞으로 쭉 가세요.
교사	다음에는 또 무슨 일이 생겼을까요?

> **아이 6**   이번에는 아기 엄마들을 만났어요.
>
>   (이하 생략)

함께 만든 이야기 줄거리

어느 마을에 아빠, 엄마, 형, 아기가 마차를 타고 보석을 찾아 길을 떠났습니다. 아빠가 소를 끌고, 형이 마차를 운전했습니다. 길을 가다가 농부 아저씨를 만났습니다.

"보석이 있는 성을 찾는데 어디로 가야 하나요?"

농부 아저씨가 말했습니다.

"앞으로 쭉 가세요."

가족은 다시 길을 떠났습니다. 이번에는 아기 엄마들을 만났습니다.

"보석이 있는 성을 찾는데 어디로 가야 하나요?"

한 아기 엄마가 말했습니다.

"앞으로 쭉 가다 산을 넘으세요."

가족은 앞으로 쭉 가다가 산을 넘었습니다. 이번에는 고양이를 만났습니다.

"고양이야, 보석이 있는 성을 찾는데 어디로 가야 하지?"

그러자 고양이가 말했습니다.

"야옹. 앞으로 가서 오른쪽으로 가세요."

가족은 앞으로 가서 오른쪽으로 갔습니다. 그러자 커다란 성이 나타났습니다. 성에는 거인이 살고 있었습니다.

"누구야?"

"우리는 보석을 찾으러 왔어요."

"나와 친구가 되면 보석을 나누어 주지."

가족은 거인과 친구가 돼서 성에서 행복하게 살았답니다.

❸ 질문 놀이 펼치기: 동극 공연

질문에 따라 스스로 만들어 낸 이야기를 직접 기획하고, 준비하여 동극 공연을 함께 해 보았습니다.

준비물

종이, 필기도구, 박스, 아크릴 물감 등

활동 방법

1. 동극 공연 준비를 위한 이야기를 나눈다.
   - 동극을 할 때 필요한 것은 무엇일까요?
   - 누가 동극을 관람하면 좋을까요?
   - 역할을 어떻게 정할까요?

2. 역할을 정해 나눠서 동극 공연 준비를 한다.
   ① 초대장 만들기 및 초대하기 홍보팀
   ② 무대 배경 및 소품 만들기 팀
   ③ 공연장 꾸미기 팀

3. 배역을 정해 공연을 한다.

동극 배경판을 그려요.

동극 포스터를 만들어요.

동극을 공연해요.

동극 〈길 떠나는 가족〉

❹ 질문 놀이를 통한 배움~성찰

　육하원칙 질문은 원인과 결과 등 사실 관계를 파악하고, 다양한 관점을 고려하여 체계적으로 문제를 분석할 수 있게 도와줍니다. 또한 육하원칙 질문은 간단하지만, 질문을 통해 구체적인 방법과 전략을 세울 수 있는 장점이 있습니다. 아이들의 상상력과 사고력, 창의성을 기를 수 있는 활동에도 효과적입니다. 특히 명화는 한 장의 그림이지만, 그 안에는 작가의 의도, 그림의 배경, 그림의 내용 등 많은 의미가 담겨 있습니다. 육하원칙 질문을 통해 그림을 바라보면 훨씬 더 많은 것을 볼 수 있게 됩니다. 아이들과 그림을 보며 나눈 육하원칙 질문으로 하나의 이야기가 만들어지는 것처럼 말이죠. 특히 아이들이 만든 이야기가 다시 동극으로 확장될 때, 아이들의 상상력이 현실로 재창조되는 경험이 될 수 있습니다.

> **질문으로 사유하는 교사~되기**
>
> 한 장의 그림이 아름다운 이유는 그림 안의 모든 것들이 조화를 이루기 때문이라 생각합니다. 그림 안에 그려진 작은 나비 한 마리와 한 번의 붓터치에도 화가의 담고 싶은 의미가 있습니다. 선생님이 그리고 있는 교실은 어떤 그림인가요? 선생님은 어떤 의미를 담아 교실을 운영하고 있을까요?

데칼코마니 : 상상플러스

❶ 아이들의 놀이 만나기

미술 놀이에서 한 아이가 색종이를 반으로 접어 가위로 오렸습니다. 오린 것을 펼치더니 "이것 봐라, 나비다!" 하고 자랑을 합니다. 옆에 있던 지민이가 "나도 해 줘." 하며 색종이를 건넵니다. 이번에는 파란 나비가 나왔습니다. 아이들이 친구를 따라 색종이를 반으로 접어 오리기 시작합니다. 조금은 찌그러진 동그라미, 비뚤어진 나비지만 아이들은 기대에 차서 색종이를 펼치며 활짝 웃습니다.

❷ 질문 놀이 연결하기

한동안 색종이로 데칼코마니를 만드는 놀이에 흠뻑 빠진 아이들에게 자연스럽게 데칼코마니의 의미를 소개할 수 있는 방법은 무엇이 있을까 고민하다 이 명화를 소개해 주었습니다.

> 연결 명화

르네 마그리트의 〈데칼코마니〉 AI 재구성

르네 마그리트의 그림으로 두 신사의 모습이 묘하게 닮았지만, 다른 모습을 보여 준다. 보는 이들에게 꼬리에 꼬리를 무는 궁금증을 불러일으키는 그림이다.

준비물

명화

활동 방법

1. 그림을 보며, 함께 이야기를 나누었다.

교사	이 그림을 보고 생각나는 것은 무엇인가요?
아이들	모래, 모자, 육지, 사람, 커튼, 아저씨, 구름….
교사	이 그림의 제목은 무엇일까요? 그렇게 제목을 붙인 이유는 무엇인가요?
아이 1	바람 - 바람이 불고 있는 것 같아서요.
아이 2	아저씨 - 아저씨가 주인공 같아서요.
아이 3	바다 - 바다가 보여서요.
아이 4	폭풍 - 구름에 회색이 있어 곧 폭풍이 올 것 같아요.

2. 그림을 보고 궁금한 질문을 모아 보았다.

교사	그림을 보고 궁금한 점은 무엇이 있나요?
아이 1	아저씨는 뭘 보고 있어요?
아이 2	아저씨가 왜 바다를 보고 있어요?
아이 3	아저씨가 인어를 보고 있을까요?
아이 4	저 사람은 남자예요, 여자예요?
아이 5	아저씨가 왜 똑같아요?
아이 6	왜 몸이 달라요?

3. 질문 중 생각을 나누고 싶은 질문을 선택하여 함께 의견을 나누었다.

교사	저 사람은 남자일까요, 여자일까요?
아이들	남자예요.
교사	왜 남자라고 생각했나요?
아이 1	머리가 짧으니까요.
아이 2	검은색 옷을 입었어요.
교사	머리가 짧으면 남자일까요? 짧은 머리인 여자는 없을까요?
아이 3	우리 엄마도 머리가 짧아요.
교사	그럼 머리가 긴 남자는 없을까요?
아이 4	머리 긴 남자를 본 적 있어요.
교사	그럼 저 사람은 남자일까요, 여자일까요?
아이 5	남자 같아요. 뒷모습이 남자 같아요.

❸ 질문 놀이 펼치기

질문을 듣고 상상하며, 자신의 생각을 담아 나만의 명화를 그려 보기로 했습니다.

준비물

흰 도화지, 색채 도구, 검은색 사람 뒷모습과 커튼 모양본, 모자(명화를 컬러프린터로 출력하여 가위로 오려 준비)

활동 방법

1. 아이의 질문 중 "아저씨는 뭘 보고 있어요?"라는 질문의 답을 상상하여 도화지에 그린다.
2. 미리 오려 준비해 둔 검은색 사람 뒷모습과 커튼 모양본, 모자를 아이가 그린

그림에 맞추어 붙인다.

3. 각자가 완성한 명화에 대해 소개한다.

> **아이 1** 아저씨는 바닷가에 놀고 있는 아이들을 보고 있어요.
> **아이 2** 바닷가에 동물들이 와서 물을 마시는 걸 보고 있어요.
> **아이 3** 아저씨는 파도가 치는 걸 보고 있어요.

아저씨는 무엇을 보고 있을까?

아저씨는 얼굴이 어떻게 생겼을까?

❹ 질문 놀이를 통한 배움~성찰

아이들의 질문을 보면 감탄스러울 때가 많습니다. 정형화된 질문이 아닌, 현실과 상상의 경계를 넘나들며 자유로운 생각을 담아 질문하기 때문입니다. 그래서 질문을 보면 아이들의 세상을 엿볼 수 있습니다. 창의적이고 유연한 사고는 미래 사회를 살아가는 아이들에게 필수적입니다. 질문으로 연결한 아이들의 세상이 더욱 확장될 수 있도록 교사 또한 열린 마음으로 아이들의 세계를 바라볼 수 있어야 합니다.

> **질문으로 사유하는 교사~되기**
>
> 아이들의 세계를 바라본다는 것은 어떤 의미일까요? 교사로서 바라본 아이들의 세계는 어떤 모습인가요?

얼쑤절쑤, 신나게 춤을 취요

❶ 아이들의 놀이 만나기

"선생님, 저 좀 보세요." 아침에 유치원에 오자마자 아연이는 한 손을 쭉 뻗고, 한 다리를 뒤로 뻗어 발레 포즈를 취했습니다. "저 발레 배워요. 다른 것도 보여 드릴까요?" 아연이는 신이 나서 두 손을 머리 위로 올려 손끝을 마주하고 빙글 한 바퀴를 돕니다. "선생님도 발레 할 수 있어요?" "선생님은 이런 춤 잘 춰. 한번 볼래?" 교사는 두 팔을 올려 덩실덩실 어깨춤을 추며 한쪽 다리를 올리면서 "얼쑤" 하고 추임새를 넣었습니다. 아이들이 깔깔 웃으며 교사의 춤을 따라 추었습니다.

❷ 질문 놀이 연결하기

교사가 춤을 추는 모습을 보며 "그게 무슨 춤이에요?" 하고 궁금해 하는 아이들에게 우리나라의 전통 춤동작이 그려진 명화를 소개해 주었습니다.

> 연결 명화

김홍도의 〈무동〉

단원 김홍도는 조선 후기 서민들의 일상생활을 흥겹고 재미있는 그림으로 표현했다. 김홍도는 옷 주름 하나까지도 섬세하게 표현했는데, 배경을 그리지 않고 인물들 중심으로 그림을 그렸다. 여섯 명의 악사가 연주하는 음악에 맞춰 춤추는 무동의 생동감 넘치는 장면이 흥겨운 분위기를 전해 준다.

준비물
명화

활동 방법

1. 그림을 보면서 무엇을 그렸는지 이야기 나눈다.

교사	이 그림은 무엇을 그렸을까요?
아이 1	악기를 연주하는 사람이 있어요.
아이 2	옛날 사람들 같아요.
아이 3	춤을 추는 사람이 있어요.

2. 그림을 보면서 생긴 궁금한 점을 모아 교사가 칠판에 작성해 준다.

아이 4	저 아이는 무슨 춤을 추는 거예요?
아이 5	왜 피리를 앞으로 불고, 옆으로 불고 다르게 불어요?
아이 6	악기는 왜 연주하는 거예요?
아이 7	여기가 어디예요?
아이 8	저 아이는 왜 춤을 춰요?
아이 9	지금 무슨 노래를 연주하고 있어요?
아이 10	왜 모자가 세 개씩 똑같아요?
아이 11	왜 그림에 집이 없어요?
아이 12	왜 그림에 QR코드가 있어요?

3. 아이들의 질문 중 한 개를 선택하여 함께 이야기를 나누었다.

> **교사**   저 아이는 무슨 춤을 추고 있을까요?
> **아이 1**   팔을 흔들면서 이상한 춤을 춰요.
> **아이 2**   팔이 엄청 긴 옷을 입었어요.
> **아이 3**   선생님이 춘 춤이랑 비슷해요.

4. 짧은 동영상을 보여 주며 우리나라 춤의 종류에 대해 소개하고, 아이들과 함께 춰 보기도 했다.

역할놀이에 준비해 주었어요.   한삼춤을 덩실덩실   함께 강강술래를!

❸ 질문 놀이 펼치기: 우리는 부채춤 홍보 대사

다양한 우리나라 춤을 동영상으로 보던 중 아이들은 부채춤이 너무 아름답다며 춰 보고 싶다고 했습니다. 또 우리나라 춤을 잘 모르는 동생들에게 부채춤을 알려 주면 좋을 것 같다는 의견이 나와 다 함께 부채춤 공연을 하기로 했습니다.

준비물
부채, 종이, 다양한 필기도구 등

활동 방법
1. 부채춤 공연 준비를 위해 이야기를 나누었다.
   - 공연을 할 때 필요한 것은 무엇일까요?

- 부채춤을 어떻게 추면 좋을까요?
- 역할을 어떻게 정할까요?

2. 역할을 나눠서 공연을 준비했다.
① 초대장 만들기 및 초대하기 홍보팀
② 무대 배경 및 소품 만들기 팀
③ 공연 팀

3. 동생 반을 초대하여 공연을 했다.

초대장 만들기

포스터 만들기

포스터 만들기

열심히 공연 준비 중이에요.

부채춤 공연

❹ 질문 놀이를 통한 배움~성찰

"그림 속 아이가 추던 춤은 어떤 춤이었을까?"라는 질문을 시작으로 아이들의 호기심과 관심을 연결하고 확장하여 부채춤 공연을 할 수 있었습니다. 공연을 준비하면서 우리나라 춤의 아름다움과 전통문화의 소중함을 느끼는 귀한 시간이 되었습니다.

요즘 아이들은 어릴 적부터 K-POP이나 발레, 라인댄스 같은 춤은 자주 접하지만 부채춤, 한삼춤, 탈춤은 대부분이 모릅니다. 우리 전통춤에 관심이 없을 뿐만 아니라 우리 고유문화가 무엇인지 정확히 알지 못합니다. 부채춤 공연을 준비하면서 아이들은 화려한 부채와 고운 빛깔의 한복, 화려한 무용수들의 춤사위에 매료되었습니다. 아이들은 놀이 시간마다 부채춤을 TV로 보여 달라고 하면서 매번 감탄하고 따라 하며 즐거워하였습니다. 아이들의 모습을 보면서 '우리 문화를 자주 접하지 못해서 관심이 없었던 것은 아닐까?' 하는 생각이 들었습니다. 아이들이 놀이 속에서, 삶 속에서 우리 문화를 자연스럽게 보고, 듣고 다양하게 경험해본다면 어떻게 될까요? 지금보다 훨씬 우리 문화를 자연스럽게 즐길거라고 생각됩니다. 아이들의 삶 속에서 우리 문화를 자주 보고 접하면서 친숙해질 수 있도록 교사에게도 관심이 필요할 듯합니다.

> **질문으로 사유하는 교사~되기**
>
> 문화유산은 과거를 이해하며 현재 우리의 삶과 더불어 미래에도 영향을 미치는 가치가 있습니다. 일상생활 속에서 과거와 이어져 현재의 나에게 영향을 주는 가치 있는 것(경험, 사람, 물건 등)은 무엇인가요?

내가 화가라면

❶ 아이들의 놀이 만나기

바깥놀이 시간, 놀이터 화단에 모여 아이들이 꽃사과를 열심히 줍고 있습니다. "선생님, 여기 사과가 열렸어요." 은유의 말에 나무를 보니 빨간 꽃사과가 주렁주렁 열려 있습니다. "선생님, 이 사과도 먹을 수 있어요? 우리 집에 있는 사과는 큰데 이 거는 작아요." "이거는 작아서 못 먹어!" 아이들은 조그맣고 예쁜 꽃사과에 흥미를 보이며 이야기를 나누었습니다.

❷ 질문 놀이 연결하기

꽃사과를 주워 모래놀이장에서 만든 모래 케이크에 장식도 하고, 사과 밥상을 차려 놀이하는 모습을 보며 명화를 연결하여 소개해 주었습니다.

`연결 명화`

폴 세잔의 〈정물화 사과〉

폴 세잔의 〈정물화 사과〉는 세계의 역사를 바꾼 위대한 사과(신화를 대표하는 '이브의

사과', 과학을 대표하는 '뉴턴의 사과', 예술을 대표하는 '세잔의 사과') 중 하나이다. 폴 세잔은 기존의 좌우대칭과 평형의 구도를 깨고, 사과와 정물을 마음대로 배치하고 구성하면서 그림을 그리며 사물의 본질을 찾고자 했다. 보색과 인위적인 명암을 사용하여 사물의 형태와 질감을 독특하게 표현했다.

준비물

명화, 그림 속 물건(병, 접시, 사과, 책, 보자기, 그릇 등)

활동 방법

1. 그림을 보며 이야기를 나눈 후 궁금한 점을 모았다.
2. 질문을 가지고 서로의 생각을 나누어 보았다.

아이 1	사과를 왜 저렇게 놓았어요? 사과를 담은 냄비도 기울어져 있어요.
아이 2	사과가 바닥에 있고, 천도 구겨져 있어요.
아이 3	냄비에 담은 사과가 쏟아진 거예요?
교사	여러분 생각은 어때요?
아이 4	사과가 쏟아진 것 같아요.
아이 5	사과를 잘 보이게 하려고 그런 것 같아요. 밑에 책이 있잖아요.

3. 그림 속에 나오는 소품을 이용하여 직접 명화를 재구성해 보았다. 놀이 영역에 그림 속에 나오는 소품을 준비해 주고, 내가 화가라면 어떻게 소품을 배열할 것인지 생각하여 놓아 보았다.

4. 사진으로 촬영하여 출력 후 전시하였다.

내가 화가라면?

아이들이 직접 구성해 본 구도

모두가 다른 생각으로 구성해 보았어요.

내가 화가라면, 난 이렇게 놓고 그릴 거야.

❸ 질문 놀이 펼치기: 마트 놀이

"그림 속 사과는 어디서 가져왔을까?"라는 질문에 따라 이야기를 나누던 중 마트 놀이를 해 보기로 했습니다.

준비물

다양한 물건, 상자로 만든 키오스크, 돈, 지갑 등

> **활동 방법**

1. 그림을 보며 생긴 질문으로 이야기를 나누었다.

아이 1	사과가 왜 이리 많아요?
아이 2	사과를 마트에서 산 거예요?
교사	화가는 사과를 어디에서 가져왔을까요?
아이 3	엄마랑 마트 가서 사왔을 것 같아요.
아이 4	사과나무에서 따 왔을 수도 있어요.
아이 5	과일 가게에서도 사과를 팔아요. 과일 가게에서 샀을 것 같아요.

2. 이야기를 나누며 사과를 파는 곳에 대한 관심이 생겨 마트 놀이를 하기로 했다.

교사	마트에서는 어떤 것들을 파나요?
아이 1	사과랑 귤, 과일을 팔아요.
아이 2	마트에서는 장난감도 팔아요.
아이 3	마트에서는 음식도 팔아요. 엄마랑 같이 마트에서 밥 먹어 봤어요.
교사	마트 놀이를 하려면 무엇을 준비해야 할까요? 역할을 어떻게 정할까요? 우리 반 마트에는 무엇을 팔면 좋을까요?

키오스크 만들기

당근을 포장해요.

3. 다 함께 역할을 나누어 마트 놀이를 하였다.

음식점 코너에서 주문해요.

사과를 구입해요.

❹ 질문 놀이를 통한 배움~성찰

꽃사과에 관심을 보이는 아이들을 보고, 고민하다 사과가 그려진 명화를 소개해 주었습니다. 그림을 보고 아이들은 "사과다!"라고 외치며 흥미를 보였습니다. 명화를 보며 아이들은 "사과를 왜 저렇게 놓았어요?"라는 질문을 가장 먼저 했습니다. 사과가 책상에 쏟아져 있고, 천이 구겨져 있는 모습이 아이들 눈에는 의아해 보였나 봅니다. "사과를 왜 저렇게 놓았어요?"라는 질문으로 서로의 생각을 나누다 보니 "만약에 내가 화가라면 사과를 어떻게 놓았을까?"라는 질문으로 이어졌습니다. 아이들은 직접 그림 속 물건들을 배열해 보고, 사진을 찍어 보며 사람마다 모두 생각이 다름을 알게 되었습니다. 또, "사과는 어디서 가져왔을까?"라는 질문을 나누면서 생각을 확장하여 마트 놀이를 하였습니다.

꽃사과처럼 주변의 자연물은 아이들에게 좋은 놀잇감이 되어 줍니다. 아이들 스스로가 발견하고, 비정형화되어 더욱 주도적으로 놀이할 수 있기 때문입니다. 아이들이 주변에 관심을 가질 때 교사가 순간을 포착해서 관련 질문이나 그림 등을 소개하면 아이들의 호기심과 상상력이 배가 됩니다.

> **질문으로 사유하는 교사~되기**
>
> "가까이 봐야 예쁘다." 나태주의 시처럼 오늘 교실 속에서 가까이에서 보고 발견한 예쁜 것은 무엇이 있을까요? 그 모습이 왜 예쁘다는 생각이 들었나요?

그림이 궁금해요

❶ 아이들의 놀이 만나기

바깥놀이 시간, 아이들이 교사를 불렀습니다. "선생님, 저기 보세요. 구름이 꼭 공룡 같아요." 아이들이 가리키는 방향을 보니 구름이 둥실둥실 떠 있었습니다. 아이들은 구름을 보며 꼭 티라노사우루스 같다고 합니다. "그럼 또 다른 모양은 뭐가 있어요?" 하고 질문하자 아이들은 금세 구름 모양 찾기에 빠져듭니다. 다음 날 아이들에게 구름이 그려진 명화〈심금〉을 소개하였습니다.

❷ 질문 놀이 연결하기

아이들이 구름을 호기심을 가지고 관찰하는 모습을 보며, 문득 르네 마그리트가 그린 구름 그림이 떠올라 소개해 주었습니다.

연결 명화

르네 마그리트의〈심금〉AI 재구성

르네 마그리트는 우리 주변에 있는 대상을 사실적으로 묘사하면서도 현실적이지 않은 요소를 배치하는 방식으로 그림을 그렸다.〈심금〉또한 현실에서 일어날 수 없는 상황을 마치 사실처럼 표현하였다.

준비물
명화, 칠판, 보드 마커

활동 방법
1. 그림을 보고 이야기를 나눈 후 궁금한 점을 모아 보았다.

아이 1	어떻게 컵이 커진 거예요?
아이 2	큰 컵이 왜 땅에 있어요?
아이 3	컵 밖으로 구름이 튀어나왔는데 왜 안 흘러요?
아이 4	어떻게 컵에 구름을 담았어요?
아이 5	구름은 하늘에 있어야 하는데 왜 컵에 담겨 있어요?
아이 6	컵은 큰데 왜 마을은 작아요?
아이 7	컵 위에 구름이 있는 모양이 나무처럼 보여요.
아이 8	바람이 불면 구름이 안 날아갈까요?
아이 9	만약에 컵이 깨지면 어떻게 돼요?
아이 10	갑자기 태양이 없어지면 컵이랑 구름은 어떻게 돼요?
아이 11	만약에 지진이 나면 컵과 구름은 어떻게 돼요?
아이 12	구름이 왜 안 흩어져요?
아이 13	산이 왜 컵보다 작아요?
아이 14	만약에 구름이 떨어지면 어떻게 돼요?

❸ 질문 놀이 펼치기

그림을 보며 아이들은 다양한 질문을 했습니다. 그중 "어떻게 컵에 구름을 담았어요?"라는 질문을 가지고 함께 이야기를 나누었습니다.

준비물

사진기, 컵

활동 방법

1. 아이의 질문에 대해 서로 의견을 나누었다.

교사	어떻게 컵에 구름을 담았을까요?
아이 1	컵을 진짜진짜 크게 만들어서 담으면 돼요.
아이 2	컵을 구름에 대고 그린 것 같아요.
교사	컵을 구름에 대고 어떻게 그려요? 자세히 설명해 줄래요?
아이 2	컵에 구름이 담긴 것처럼 하면 돼요.

2. 한 아이의 의견에 따라 '컵에 구름이 담긴 사진'을 찍어 보기로 했다. 아이들은 컵을 벤치 위에 올려놓고 찍어 보고, 미끄럼틀 위에 올라가 찍어 보는 등 다양한 방법으로 사진을 찍었다.

3. 아이들은 찍은 사진을 서로 공유하며 다음과 같은 결론을 내렸다.

아이 1	카메라를 컵 가까이 찍으니 구름이 담긴 것처럼 보여요.
아이 2	카메라를 컵 가까이 찍으니 사진에 컵이 크게 보여요.
아이 3	화가도 컵을 가까이 놓고 그림을 그린 것 같아요.
아이 4	진짜 컵에 구름이 담긴 것은 아니고, 컵에 구름이 담긴 것처럼 보이는 거예요.

컵을 의자 위에 올려놓고 찍기

컵을 손에 들고 찍기

컵에 구름을 담았어요.

컵에 구름을 담았어요.

컵에 꽃도 담을 수 있어요.

나는 나무를 담아 볼래요.

❹ 질문 놀이를 통한 배움~성찰

르네 마그리트의 〈심금〉을 보는 순간 아이들은 많은 질문을 쏟아냅니다. 굳이 궁금한 점을 묻지 않아도, 그림 자체가 아이들에게는 호기심과 궁금증을 불러일으킵니다. "어떻게 컵에 구름을 담았어요?"라는 질문의 답을 찾기 위해 사진기를 들고 미끄럼틀 위에 올라가 찍어 보기도 하고, 바닥에 엎드려 찍어 보기도 하는 등 다양한 시도를 하는 아이들의 모습은 마치 최고의 구도를 잡아 그림을 그리려는 화가의 모습과도 닮았습니다.

놀라운 것은 사진을 찍으면서 가까이 있는 것은 크게 보이고, 멀리 있는 것은 작게 보이는 원근법을 발견하고, 그림에 대한 가설에까지 이르게 된 것입니다. 아이들과 질문 놀이를 하다 보면 감탄할 때가 많습니다. 교사가 생각한 것 이상을 아이들은 발견하고, 상상하고, 예측하고, 아이디어를 냅니다. 교사의 주도하에 계획한 수업보다 질문으로 풀어 갈 때, 아이들의 무한한 능력이 발휘됨을 느낍니다.

> **질문으로 사유하는 교사~되기**
>
> 아이들의 작은 관심이나 이야기를 지나치지 않고 교사가 다시 질문할 때 아이들의 호기심이 확장됩니다. 오늘 아이들의 관심이나 이야기를 듣고 했던 질문이나 미처 하지 못한 질문이 있을까요? 어떤 질문이었나요?

자연물을 활용한 질문 놀이

"선생님, 이쪽으로 와 보세요. 여기 개미 있어요."

바깥놀이 시간 무엇인가를 발견한 아이들이 교사를 흥분된 목소리로 부를 때가 있습니다. 자신들이 발견한 것이 자랑스럽기도 하고, 교사와 공유하고 싶은 마음일 테지요. 아이들이 우연히 만나는 길가에 핀 민들레 한 송이, 줄지어 기어가는 개미 떼, 떨어진 솔방울 등 자연물은 아이들에게 호기심의 대상이자 친구입니다. 어른들 눈에는 잘 보이지 않는 것들이 아이들 눈에는 잘 보일 때가 많습니다. 관심이 있기 때문이지요. 그럼, 자연물과 함께하는 놀이는 어떤 효과가 있을까요?

첫째, 자연물을 활용한 질문 놀이는 아이들이 직접 보고, 만지고, 냄새를 맡고, 소리를 듣고, 맛보기도 하며 풍부한 감각 경험을 얻을 수 있습니다. 또 자연에서 마음껏 뛰어놀며 신체운동 능력을 발달시키고, 자연물을 손으로 조작하며 소근육이 발달합니다.

둘째, 창의력과 상상력이 발달 합니다. 자연은 정형화된 모습이 아닙니다. 나무, 꽃, 새 등 모두 비슷해 보이지만 자세히 들여다보면 모양, 색, 크기 등 모두 차이가 있습니다. 이러한 불규칙성은 아이들이 더욱 흥미 있게 자연을 탐색할 수 있게 도와줍니다. 아이들은 우연히 만나는 다양한 자연물을 가지고 미술 재료로 활용하거나 소꿉놀이의 소품으로 이용하기도 합니다. 이러한 과정에서 자신만의 독창적인 놀이를 만들며 창의력과 상상력을 키워 갑니다.

셋째, 관찰력과 탐구심이 향상됩니다. 아이들에게 자연은 끊임없는 호기심의 대상입니다. 장수풍뎅이, 개미, 민들레 등 다양한 자연물에 호기심을 가지고 직접 관찰하고 만지며 궁금한 것을 질문합니다. 이러한 과정에서 아이들은 관찰력, 탐구심을 기를 수 있습니다. 또한 자연에서 만나는 다양한 상황(개울을 건너고, 갑자기 비가 왔을 때 등)을 창의적으로 해결하는 과정에서 문제해결 능력을 키울 수 있습니다.

넷째, 심미적 감수성을 기반으로 자연의 소중함을 느낍니다. 사계절의 변화, 나무와 꽃과 같은 자연의 조화, 다양한 동식물의 모습 등을 직접 오감으로 느끼고 체험하면서 자연에 대한 아름다움을 느끼며 심미적 감수성을 키워 갑니다. 자연에 대한 심미적 감수성은 자연과 정서적으로 연결됨을 의미합니다. 이는 곧 자연을 아끼고 소중하게 여기는 마음과 태도로 연결됩니다. 기후위기, 환경오염 등 다양한 자연재해로 위기를 겪고 있는 현재와 불확실성의 미래를 살아갈 아이들이 자연과 공존하며 지속 가능한 삶을 살아가기 위해 꼭 필요합니다.

자연물을 활용한 질문 놀이는 아이들이 자연에서 만난 꽃, 돌멩이, 빗물 등을 자유롭게 탐색하며 생긴 질문으로 놀이합니다. 이때, 오감을 통해 자연물을 자유롭게 탐색하면서 자연의 아름다움과 친밀감을 느낄 수 있도록 합니다. 교실에서도 자연물을 마음껏 탐색할 수 있도록 놀잇감으로 제공해 주면 좋습니다. 자연물을 활용한 질문 놀이는 아이들이 자연물을 탐색하며 생긴 궁금을을 해결하기 위해 예측하고, 실험하며 마음껏 탐구하는 경험이 중요합니다. 이를 위해 교사는 질문하고, 생각을 나누며 아이들을 격려해 주고, 질문을 통해 자연과 아이들의 삶을 연결하여 더불어 살아가는 태도를 길러 줘야 합니다.

봄에 만난 꽃

❶ 아이들의 놀이 만나기

봄이 온 것을 알리듯 바깥놀이 화단에 민들레, 벚꽃 등 다양한 꽃들이 피었습니다. 아이들은 교사보다 먼저 봄의 변화를 느끼고, 여기저기 피어 있는 꽃을 찾아내어 교사를 부릅니다. "선생님, 여기 꽃 피었어요!" 하단에 핀 작은 꽃에도 관심을 보이며 한참을 관찰합니다. 따스한 햇살 아래 알록달록 핀 꽃을 보며 좋아하는 아이들이 참 예뻐 보입니다. 교실로 들어가기 전 아쉬운 마음에 아이들과 화단을 한 바퀴를 돌며 어떤 꽃이 피었는지 관찰해 보았습니다.

❷ 질문 놀이 연결하기: 꽃 팔레트를 만들어요

다음 날, 봄 꽃의 모양, 색, 크기 등을 집중하여 관찰할 수 있도록 하얀색 종이 팔레트 위에 봄꽃을 올려놓고 살펴보았습니다.

연결 자연물

꽃

준비물

팔레트 모양 종이본

활동 방법

1. 봄꽃을 모아 꽃 팔레트를 만든 후 이야기를 나누었다.

교사	우리가 찾은 봄꽃은 무슨 색인가요?
아이 1	노란색
아이 2	분홍색
교사	꽃 팔레트를 만든 후 새롭게 알게 된 것은 무엇인가요?
아이 3	꽃 크기가 달라요.
아이 4	색이 달라요.

2. 아이들의 궁금한 질문을 모아 보았다.

아이 5	왜 나무에서 피는 꽃(벚꽃)이 있고, 땅에서 피는 꽃(민들레)이 있어요?
아이 6	꽃무늬는 어떻게 만들어요?
아이 7	꽃도 먹을 수 있어요?
아이 8	모든 꽃에는 다 꿀이 있어요?
아이 9	꽃은 왜 향기가 나요?

꽃 팔레트 만들기

꽃 팔레트 만들기

❸ 질문 놀이 펼치기: 봄 원피스 패션쇼

"꽃무늬는 어떻게 만들어요?"라는 아이의 질문에 대하여 이야기를 나눈 후, 함께 봄 원피스를 만들어 보았습니다.

준비물

광목천, 줄자, 패브릭 마커, 리본, 단추, 꽃 스티커, 시트지, 물감, 꽃모양 찍기 틀 등

활동 방법

1. 아이들의 질문 중 꽃무늬를 만드는 법에 대하여 이야기를 나누었다.

교사	꽃무늬를 어떻게 만들까요?
아이 1	꽃을 물감으로 찍어요.
아이 2	꽃 그림을 그려요.
아이 3	꽃을 풀로 붙여요.

2. 꽃무늬가 있는 봄 원피스를 직접 만들어 보았다. 줄자를 이용하여 사이즈를 잰 후, 교사가 광목천을 원하는 길이로 잘라 주었다.
3. 꽃 스티커, 물감, 패브릭 마커, 리본, 단추 등을 이용하여 나만의 꽃무늬를 만들어 봄 원피스를 꾸며 보았다.
4. 함께 이야기를 나눈 후 패션쇼를 열기로 하고 어떻게 준비하면 좋은지, 필요한 소품은 무엇인지에 대하여 이야기를 나누었다.
① 패션쇼에 필요한 소품을 가정과 연계하여 준비하였다.
② 패션쇼 영상을 보며 모델의 모습을 관찰하였다.

5. 패션쇼장을 꾸민 후, 형님들을 초대하여 패션쇼 놀이를 하였다.

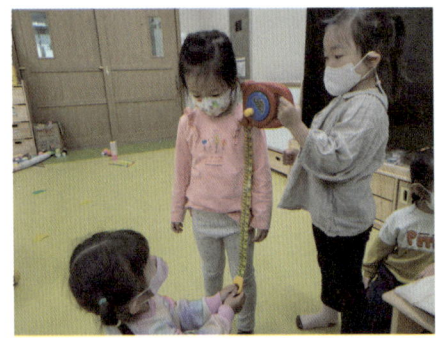

사이즈 재기

봄 원피스 만들기

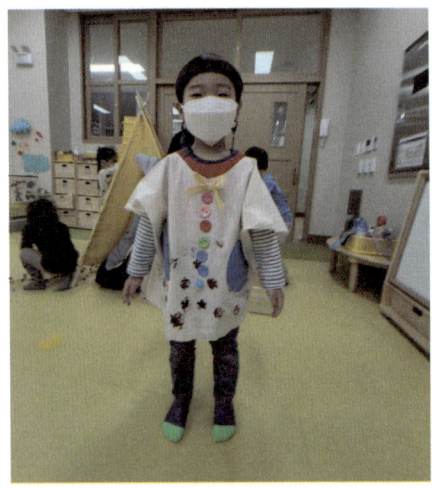

내가 만든 봄 원피스

봄 원피스 패션쇼

❹ 질문 놀이를 통한 배움~성찰

마른 가지에 작은 꽃봉오리가 봉긋 올라오더니 금세 꽃망울을 터뜨립니다. 한두 송이 꽃이 활짝 고개를 들면, 마치 내기라도 하듯 다른 꽃들도 서둘러 피어납니다. 필자는 오감으로 느낄 수 있는 가장 좋은 계절이 봄이라고 생각합니다. 수채화 한 폭 같은 거리의 꽃들, 바람 따라 흩날리는 벚꽃잎, 향긋한 꽃향기, 씹을수록 깊은 향을 느낄 수 있는 쑥개떡, 따뜻한 봄 햇볕까지 우리는 온몸으로 봄을 느낄 수 있습니다. 사진이나 영상이 아닌 오감으로 느껴야 진짜 봄을 만날 수 있습니다. 그래서 봄이 오면 아이들과 서둘러 바깥으로 나가야 합니다. 봄은 생각보다 짧기 때문입니다. 매일 밖으로 나가 날마다 눈에 띄게 달라지는 새싹과 꽃의 변화를 오감으로 느끼며, 봄에 흠뻑 빠질 수 있는 시간을 줘야 합니다. 관심이 생길 때 비로소 호기심과 궁금증이 생기기 때문입니다. 아이들이 마음껏 봄을 느끼며 탐색할 수 있도록 아이들과 밖으로 나갈 교사의 용기가 필요합니다.

> **질문으로 사유하는 교사~되기**
>
> 봄이 되면 꽃이 피고, 가을이 되면 낙엽이 지듯 모든 생물은 '마땅히 살아야 할 삶'을 살아갑니다. 교사로서 마땅히 살아야 할 삶이란 어떤 모습일까요?

버섯을 키워요!

❶ 아이들의 놀이 만나기

유치원 앞 공원으로 산책을 갔을 때 일입니다. 한 아이가 교사를 급하게 불러 가 보니 그곳에는 버섯이 봉긋 솟아 있었습니다. 석진이가 "이거 독버섯이야." 하고 이 야기하자 종석이가 "독버섯은 빨간색이야."라고 말했습니다. 다시 석진이가 "공원 에 있는 버섯은 독버섯이야."라고 하자 아이들도 덩달아 독버섯이냐 아니냐로 의견 이 나뉘었습니다. 그때, 현진이가 "선생님, 이 버섯 따도 돼요? 집에 가지고 가고 싶 어요."라고 물어보았습니다. 교사는 공원의 버섯 대신 교실에서 다른 버섯을 길러 볼 것을 제안하였습니다.

❷ 질문 놀이 연결하기

버섯에 관한 책을 도서 영역에 마련하고, 다양한 버섯을 직접 키워 보며 관찰할 수 있도록 하였습니다. 또, 버섯을 오감을 통해 탐색하였습니다.

연결 자연물
버섯(교실에서 노루궁뎅이 버섯, 표고버섯, 느타리버섯, 팽이버섯 등을 키웠다.)

준비물
다양한 버섯, 다양한 버섯 사진, 버섯 관련 책, 가위, 풀

활동 방법
1. 버섯을 이용한 오감 탐색 놀이를 하였다.
① 버섯 종균 관찰 후 버섯 키우기

② 다양한 버섯 관찰하기(다양한 버섯의 갓, 주름살, 고리, 자루, 덮개막 등 비교하기)
③ 버섯의 촉감 부분별로 느껴 보기
④ 버섯의 향 맡아 보기
⑤ 버섯의 모양 관찰하기
⑥ 버섯으로 물감 놀이 하기(버섯 찍기, 버섯 붓으로 그림 그리기)

교사	선생님이 준비한 사진 중에 먹을 수 있는 버섯도 있고, 먹을 수 없는 버섯도 있어요. 이 중에서 먹을 수 있는 버섯은 무엇이 있을까요? 왜 그렇게 생각하나요?
아이 1	표고버섯이요. 집에서 먹어 봤어요.
아이 2	느타리버섯이요. 엄마가 요리해 줬어요.
교사	그럼 먹을 수 없는 버섯은 무엇이 있나요? 왜 그렇게 생각하나요?
아이 3	노란 달걀버섯이요. 모양이 예뻐요. 예쁜 것은 독버섯이에요.

2. 사진을 주고 먹을 수 있는 버섯과 먹을 수 없는 버섯을 분류해 보았다. 이때 관련 책을 준비해 주어 아이들이 직접 책을 찾아보며 분류할 수 있도록 하였다. 버섯 사진을 모두 분류해 본 뒤, 아이들과 함께 모여 이야기를 나누었다.

교사	독버섯을 구분하는 방법은 무엇이었나요? 진짜 색으로 구분할 수 있나요?
아이 4	먹을 수 있는 버섯이랑 색이 비슷한 것도 있어요.
아이 5	선생님, 먹을 수 있는 버섯인지 어떻게 알아요?
교사	먹을 수 있는 버섯인지 쉽게 구별할 수 있었나요?
아이 6	모양이 비슷한 버섯들이 있어 구분하기 어려워요.
교사	먹을 수 있는 버섯을 구분하는 것은 전문가도 어렵다고 해요. 버섯을 보면 어떻게 하는 것이 좋을까요?

아이 7 함부로 먹으면 안 돼요.

버섯 키우기

버섯 종균을 관찰하기

버섯을 오감으로 관찰하기

책을 찾아보며 버섯 분류해 보기

❸ 질문 놀이 펼치기

버섯에 대한 질문을 모아 보았습니다. 버섯에 관한 책을 보고 버섯이 포자로 번식한다는 사실을 알게 된 한 아이가 버섯의 포자가 어디에 있는지 질문했습니다. 아이들과 함께 버섯을 돋보기로 관찰하였으나 포자를 찾을 수가 없었습니다.

준비물

다양한 버섯, 다양한 버섯 사진, 버섯 관련 책, 가위, 루페

활동 방법

1. 버섯의 포자에 대하여 이야기를 나누며 예상해 보았다.

아이 1	버섯 기둥 안에 있을 것 같아요. 왜냐하면 버섯 기둥이 뚱뚱하니까요. 포자가 들어 있어서 뚱뚱할 것 같아요.
아이 2	버섯 갓이 포자 같아요. 버섯 갓이 땅에 떨어져 갓에서 싹이 날 것 같아요.
교사	버섯의 포자는 갓 안에 있다고 해요(갓을 살펴보았다).
아이 3	갓 안에 어떻게 들어 있어요?
교사	갓 안에 어디 들어 있을까요?
아이 4	여기 줄무늬 사이에 들어 있을 것 같아요.
교사	포자는 어떤 모양일까요?
아이 5	동그라미일 것 같아요.
아이 6	줄무늬 사이에 들어 있으니까 긴 모양 같아요.
아이 7	까만색 깨 같을 것 같아요.

2. 포자 관찰하기 실험을 해 보았다.
① 갓이 넓은 버섯(표고버섯)의 갓 부분을 자른다.
② 검은색 도화지에 갓 주름이 아래쪽으로 오도록 올려놓는다.
③ 손이 닿지 않는 곳에 두고 다음 날 관찰을 한다.

3. 포자를 루페로 관찰 후 함께 이야기를 나누어 보았다.

아이 1	포자가 진짜 있어요.
아이 2	포자가 엄청 많아요. 그런데 아주 작아요.
아이 3	만져 보니 아주 부드러워요.
교사	포자는 왜 이렇게 가루처럼 곱고 작을까요?
아이 4	포자가 바람에 멀리 날아가려면 작아야 해요.

| 아이 5 | 갓 안에 들어가 있으려면 작아야 해요. |
| 아이 6 | 크면 포자가 (주름 사이에) 많이 들어갈 수 없어요. |

  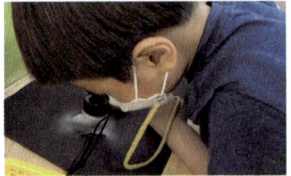

버섯의 포자는 어디 있을까?　　포자를 찾았어요!　　포자를 루페로 관찰해요.

❹ 질문 놀이를 통한 배움~성찰

누군가와 사랑에 빠질 때는 어떤가요? 마음에 드는 사람을 만나면 시선이 멈추게 됩니다. 다음은 어떤 사람인지 궁금해지고, 가까이 가고 싶어집니다. 그 사람을 사랑하게 되면 함께하고 싶고, 또 지켜 주고 싶기도 하지요. 아이들이 자연을 사랑하게 되는 과정도 비슷합니다. 산책하면서 만나는 돌멩이, 풀 한 포기, 꽃 한 송이에 관심이 생기면 아이들은 멈춥니다. 그리고 궁금해 합니다. 사랑하는 마음이 생기면 소중하게 생각하고 당연히 지켜 주고 싶기도 하겠죠.

우리 아이들이 살게 될 미래 사회는 환경문제가 더욱 심각해질 것입니다. 환경에 관심을 갖고 소중하게 생각해야 우리는 지구와 공생할 수 있습니다. 환경교육은 행사처럼 체계적으로 하는 것보다 아이들의 삶 속에서 자연스럽게 이루어지는 것이 더욱 효과적입니다. 산책하면서 만나는 작은 동식물에 관심을 갖고, 또 궁금한 점을 질문하고 알아보며 자연의 존재 자체를 인식하고, 자연의 모습에 아름다움을 느낄 때 환경을 지켜 주고 싶은 마음이 절로 생기는 법이니까요.

> **질문으로 사유하는 교사~되기**
>
> 최근 아이들이 자연 속에서 발견하고 관심을 가졌던 것은 무엇이었나요? 그것을 보고 느끼며 자신만의 방식으로 표현하는 아이들에게 어떤 질문을 했나요?

돌멩이야 놀자!

❶ 아이들의 놀이 만나기

바깥놀이 시간, 하루가 양동이에 돌멩이를 주워 담으며 친구들에게 "우리 돌멩이 수프를 만들까?" 하고 제안했습니다. 이에 몇 명의 친구들이 함께 돌멩이를 모으기 시작했습니다. 그러던 중 인희가 화단에 있던 커다란 돌멩이를 양동이에 담다가 실수로 떨어뜨렸습니다. 돌멩이가 떨어지면서 한쪽이 깨졌습니다. "어, 돌멩이가 깨져서 가루가 됐어." 친구들이 몰려 와 그 모습을 확인한 뒤 아이들은 다른 돌멩이를 쿵쿵 찧으며 돌멩이 가루를 만들기 시작했습니다.

❷ 질문 놀이 연결하기

다양한 돌멩이를 종류별로 구입하거나 화단에서 주워 교실에 놓아 주었습니다. 돌멩이를 가지고 함께 탐색 놀이하며 관찰하고, 궁금한 점을 모아 보았습니다.

연결 자연물

돌멩이

준비물

다양한 돌멩이, 놀이 매트, 바구니 등

활동 방법

1. 다양한 돌멩이를 가지고 탐색해 보았다.

교사	돌멩이를 만져 볼까요? 어떤 느낌이 드나요?
아이 1	꺼칠꺼칠해요.
아이 2	이 돌멩이는 너무 부드러워요.
교사	돌멩이를 한번 들어 볼까요?
아이 3	엄청 무거워요. 하지만 작은 돌멩이는 가벼워요.
교사	돌멩이는 어떤 소리가 날까요?
아이 4	딱딱 소리가 나요.
아이 5	큰 돌멩이는 소리가 크고, 작은 돌멩이는 소리가 작아요.
교사	돌멩이를 밟고 걸어가면 어떤 느낌일까요?
아이 6	발이 엄청 아파요.
아이 7	발이 차가워요.

2. 돌멩이를 가지고 다양한 놀이를 해 보았다.

① 아이들은 돌멩이를 가지고 거북이, 뱀, 돌탑, 사람, 하트 등을 만들었다.

② 돌멩이를 동그라미, 세모, 네모 모양으로 분류해 보았다.

3. 돌멩이 놀이 후 궁금한 점을 모아 보았다.

아이 1	돌멩이도 진짜 먹을 수 있어요? (돌멩이 수프 책을 읽고 궁금했어요.)
아이 2	돌멩이가 왜 깨져요?
아이 3	돌멩이는 왜 색이 달라요?
아이 4	돌멩이를 왜 쌓아요? (엄마랑 돌탑을 본 적이 있어요.)

돌멩이가 깨져 가루가 됐어요.

돌이 아주 무거워요.

돌을 부딪치면 소리가 들려요.

돌멩이 위를 맨발로 걸어 봐요.

돌탑을 쌓았어요.

돌멩이도 모양이 있어요.
비슷한 모양끼리 모아요.

❸ 질문 놀이 펼치기

"돌멩이는 왜 색이 달라요?"라는 질문으로 함께 이야기를 나누고, 교실에 돌멩이를 준비해 주어 다양한 돌멩이를 활용하여 놀이를 할 수 있도록 하였습니다.

준비물

다양한 돌멩이, 색돌, 라이트 테이블

활동 방법

1. "돌멩이는 왜 색이 달라요?"라는 질문에 대하여 생각을 나누었다.

교사	돌멩이는 왜 색이 다를까요?
아이 1	바윗돌 색깔이 달라서요.
아이 2	여러 가지 색의 물감으로 칠해서요.
교사	돌멩이가 만들어질 때 여러 가지 이유로 다른 색의 돌멩이가 만들어진다고 해요. 어떤 색이 있나요?
아이들	검은색, 흰색, 갈색, 회색….
아이 3	그럼 검은 돌은 왜 검정색이 됐어요?
교사	왜 검정색이 됐을까요?
아이 4	검은 흙이 모여서 검정 돌이 된 것 아니에요?
교사	선생님도 정확히 모르겠는데, 우리 함께 인터넷을 찾아볼까요?

검은 돌이 된 이유를 인터넷에 찾아 함께 알아보았다.

<우리가 알게 된 검은 돌이 되는 이유>
- 돌이 만들어지면서 철성분이 많으면 검은색이 돼요.
- 햇빛, 비, 바람을 맞으며 색이 검은색으로 변하기도 해요.
- 곰팡이와 같은 미생물이 생기면서 색이 변하기도 해요.
- 대기 오염으로 화학적 변화(산화, 탄화)가 생겨나요.

2. 여러 가지 색돌을 준비해 주고 아이들이 자유롭게 놀이할 수 있도록 하였다.

돌멩이로 바닥에 그림을 그려요.　　돌멩이로 만든 거북이　　돌멩이 아트

❹ 질문 놀이를 통한 배움~성찰

어릴 적 돌멩이를 가지고 잘 놀았습니다. 돌멩이를 주워 비석치기도 하고, 땅따먹기, 사방치기, 공기놀이 같은 다양한 놀이는 물론, 봉숭아꽃을 꽁꽁 돌로 찧어 손톱에 예쁜 꽃물을 들이기도 했습니다. 이렇듯 돌멩이는 놀잇감이자 도구입니다. 아이들은 자연스럽게 촉감, 모양, 크기를 감각으로 비교하고, 적절하게 놀이에 활용할 수 있습니다. 예를 들어, 꽃을 찧을 때는 끝이 좀 뾰족하고 매끄러운 돌이 적합하고, 비석치기는 납작하고 세울 수 있는 네모 모양이 좋고, 사방치기는 작고 납작하여 단단한 돌이 좋습니다. 돌멩이를 가지고 자유롭게 놀이하는 과정에서 탐색·비교·분석·활용 능력이 자연스럽게 발달합니다. 비정형화된 자연물은 마음껏 활용이 가능하기 때문에 상상력과 창의력을 키워 주는 훌륭한 놀잇감입니다. 여기에 질문을 더하면 자연물을 더 다양한 측면에서 깊이 있게 탐색할 수 있도록 도와줍니다.

> **질문으로 사유하는 교사~되기**
>
> 세상에 존재하는 모든 무생물에도 그 의미는 있습니다. 아이들은 다양한 생물과 무생물을 자연스럽게, 또는 우연적으로 만나고 얽혀 갑니다. 선생님의 삶 속에서 우연적으로 만난 자연물이 있었나요? 그 만남을 통해 무엇을 느꼈나요?

빗방울 떨어져 물방울

❶ 아이들의 놀이 만나기

며칠씩 비가 내려 바깥놀이를 나가지 못하였습니다. 아이들은 바깥놀이가 나가고 싶은지 창밖으로 비 내리는 것을 바라보다가 말했습니다. "선생님, 우산 쓰고 놀이터 나가면 안 돼요?" 아이들의 성화에 우산을 쓰고 나가 보기로 했습니다. 놀이기구가 젖은 것을 발견한 아이들은 실망했습니다. 아쉬운 마음에 학교를 한 바퀴 돌아보았습니다.

❷ 질문 놀이 연결하기

비 오는 날 우산을 쓰고 학교를 산책해 보니, 학교는 새로운 놀이터로 변신해 있었습니다.

연결 자연물
비와 물

준비물
우산, 장화

활동 방법

1. 비 오는 날 산책을 하면서 다양한 방법으로 탐색하고 관찰을 해보았다.
① 물웅덩이에서 텀벙텀벙 물 튕기기 놀이하기
② 비 오는 날 공기 느껴 보기
③ 학교 운동장에도 물이 가득, 우산 끝으로 그림 그리기

④ 나무, 텃밭 관찰하기 → 나뭇잎, 상추가 젖었다는 것을 발견
⑤ 우산 쓰고 주변 소리 들어 보기

2. 산책 놀이 후 궁금한 질문을 모아 보았다.

교사	비 오는 날 산책하면서 놀이해 보았는데, 혹시 궁금한 점이 있나요?
아이 1	비는 왜 내려요?
아이 2	비 오고 나서 왜 물웅덩이가 생겨요?
아이 3	빗소리가 왜 달라요? (물웅덩이에서 텀벙텀벙 물 튀길 때랑 우산에 떨어질 때 소리가 달랐다고 함.)
아이 4	비 오면 더 재미있는데 왜 밖에 못 나가게 해요?
아이 5	비랑 물이랑 달라요?
아이 6	물이 언제 다 말라요?

3. 질문을 선택해 함께 이야기를 나누었다.

교사	비랑 물이랑 다를까요?
아이 1	비랑 물이랑 달라요. 왜냐하면 비는 하늘에서 내리고, 물은 땅에 있어요.
아이 2	비랑 물이랑 똑같아요. 비가 하늘에서 내리는 물이에요.
교사	그럼 비는 어떻게 내릴까요?
아이 3	물방울이 하늘로 올라가서 떨어져요.
아이 4	구름에서 내려요.
교사	땅에 떨어진 비는 어떻게 될까요?
아이 5	해님이 뜨면 다 말라요.
아이 6	바다로 떠내려가요.
아이 7	나무가 먹어요.

교사	그럼 비랑 물이랑 다를까요?
아이 8	비랑 물이랑 같아요.
교사	왜 그렇게 생각해요?
아이 8	물방울이 하늘로 올라가서 구름이 되서 다시 땅으로 떨어지니까요. 비랑 물이랑 똑같아요.

우산에서 빗소리가 나요.

첨벙첨벙 물웅덩이를 발견했어요.

운동장 흙이 젖었어요. 그림을 그려요.

상추가 젖어 있어요. 비를 먹고 있어요.

❸ 질문 놀이 펼치기

"땅에 떨어진 비는 어떻게 될까요?"라는 질문으로 함께 이야기를 나누고 놀이해 보았습니다.

준비물
물통, 붓

활동 방법

1. "땅에 떨어진 비가 햇빛에 마른다."는 의견에 대하여 다시 이야기를 나누었다.

교사	햇빛에 비가 말랐는지 어떻게 알 수 있었어요?
아이 1	물이 없어져요.
교사	비가 멈췄지만 햇빛이 없을 때 젖어 있던 비는 어떻게 될까요?
아이 2	안 말라요. 햇빛이 있어야 비가 말라요.

2. 그늘과 햇빛이 드는 곳에 각각 물로 그림을 그린 후, 물이 건조되는 것을 관찰하였다.

그늘이 있는 벽에 그림을 그려요.   햇빛이 있는 벤치에 그림을 그려요.

3. 놀이 후 함께 이야기를 나누었다.

교사	물로 그림을 그려 보니까 어땠나요? 새로 알게 된 것이 있나요?
아이 1	붓으로 칠하면 색이 진해져요.
아이 2	나무가 젖었어요.

교사	햇빛이 드는 곳과 그늘에 그림을 그렸는데 어떻게 되었나요?
아이 3	둘 다 말랐어요.
교사	왜 햇빛이 없는 그늘에서도 비가 말랐을까요?
아이 4	바람 때문이 아닐까요?
아이 5	맞아. 바람에도 비가 마를 수 있어요.

❹ 질문 놀이를 통한 배움~성찰

"비가 오면 재미있는데 왜 밖에 못 나가게 해요?"라는 아이의 질문이 교사를 뜨끔하게 만들었습니다. 비 오는 날 밖으로 나가 보니, 똑같은 공간에서 맑은 날 보지 못했던 것들을 발견하고 놀이할 수 있었습니다. 축축해진 땅에 우산으로 그림을 그려보며 흙의 질감이 바뀐 것을 느꼈고, 우산에 떨어지는 빗소리와 나무에 떨어지는 빗소리가 다른 것을 직접 발견하였습니다. 비 오는 날 만나는 세상은 이전의 세상과 차이가 있는 흥미로운 세상이었습니다. 자연은 자연스럽게 관찰하고, 탐구하고, 실험할 수 있는 경험을 제공합니다. 자연은 그 자체로 훌륭한 교수 매체이자 배움의 장입니다.

> **질문으로 사유하는 교사~되기**
>
> 계획되지 않은 상황에서 교사의 유연한 태도는 아이들에게 다양한 경험을 제공할 수 있습니다. 계획하지는 않았지만 아이들과 의미 있었던 경험은 무엇이 있었나요?

뚝딱뚝딱 목공 놀이

❶ 아이들의 놀이 만나기

교실에 나무조각 상자를 준비해 주었습니다. 아이들은 다양한 나무조각에 호기심을 가지고 탐색한 후, 나무조각을 활용하여 나비, 고양이, 잠자리 등 다양한 모양을 만들었습니다. 나무조각을 이용한 만들기에 빠진 아이들은 나무로 만들 수 있는 것으로 관심이 점차 확장되었습니다.

❷ 질문 놀이 연결하기

아이들과 나무로 만들 수 있는 것에 대해 이야기 나눈 후, 다양한 종류의 나무와 망치, 톱, 사포 등을 구매하여 교실 한쪽에 목공 놀이 영역을 만들어 주었습니다.

연결 자연물

나무

준비물

다양한 나무조각, 톱, 못, 망치, 사포, 오공본드, 목공용 장갑, 바니시, 붓, 두꺼운 매트 등

활동 방법

1. 나무로 만들고 싶은 것에 대해 이야기를 나누었다.

> 아이 1   나무로 집을 만들고 싶어요.
> 아이 2   팻말을 만들고 싶어요.

아이 3　　필통을 만들고 싶어요.

2. 교실 한쪽에 목공 놀이 영역을 준비해 주고 다양한 나무를 이용하여 목공 놀이를 하기로 했다. 목공 놀이 책상에 두꺼운 매트(두께 3cm)를 깔아 소음을 줄이도록 하였다.
3. 목공 놀이에 필요한 도구와 재료를 소개하고, 사용법과 주의 사항, 만드는 법에 대하여 이야기를 나누었다.
4. 다양한 나무조각을 탐색하고, 사포를 이용하여 나무의 결을 정리했다.
5. 작품을 만들기 전 망치를 이용하여 나무조각에 곧게 못 박기와 못 빼기 등을 연습하였다. 똑바로 못을 박을 수 있는 아이들은 직접 못을 박아 작품을 만들었다. 이때, 오공본드를 살짝 칠해 두 나무조각을 살짝 고정시킨 후, 망치질을 하도록 하였다. 익숙해지면 본드를 사용하지 않고 직접 망치질을 했다.
5. 작품이 완성되면 매직, 아크릴 물감 등을 이용하여 색칠한 후 건조하였다.
6. 바니시를 골고루 칠한 후 건조시키고, 이를 2~3번 반복하여 완성했다.

지도 TIP

사포질하기, 못 박기, 톱질하기, 바니시 칠하기 등 순차적으로 6개월 동안 놀이하였습니다. 개인별로 익숙해질 때까지 교사가 함께 지켜보며 도와주었고, 점차 혼자 목공 놀이를 하도록 지도하였습니다.
톱질은 반드시 2인 1조로 나무 잡아 주는 사람, 톱질하는 사람으로 역할을 분담하여 작업을 하도록 하였습니다.

만들고 싶어요.

집을 만들었어요.

만들고 싶어요

팻말을 만들었어요.

❸ 질문 놀이 펼치기

나무의 존재에 대해 생각해 보면 좋을 것 같아 교사가 질문을 하고 함께 의견을 나누었습니다.

> 활동 방법

1. 목공 놀이를 통해 나무에 관심이 생겨, 함께 궁금한 점을 모으고 이야기를 나누었다.

교사	존재란 말을 들어 봤나요?
아이들	잘 모르겠어요.
교사	존재란 이 세상에 있다는 뜻이에요. 무언가 보고, 만지고, 느끼고, 생각할 수 있는 모든 걸 존재한다고 해요.

교사	하늘에 있는 구름은 존재할까요?
아이 1	네. 존재해요.
교사	맞아요. 눈으로 볼 수 있는 것은 존재하는 거예요.
	그럼 나무는 존재할까요?
아이들	존재해요.
교사	그럼 나무는 우리에게 어떤 존재일까요?
	나무가 있어 좋았던 점, 나무랑 나랑은 어떤 관계인지 생각해 봐요.
아이 2	나무로 여러 가지를 만들 수 있어요. 나무는 친구 같아요.
아이 3	나무는 우리에게 열매를 주는 꼭 필요한 존재예요.
아이 4	나무는 집도 만들고, 책꽂이, 책상도 만들어요. 꼭 필요해요.

2. 나무를 지키는 법에 대하여 이야기를 나누었다.

교사	나무가 이 세상에서 없어진다면 무슨 일이 생길까요?
아이 1	산소를 만들 수가 없어요.
아이 2	새가 사는 집이 없어져요.
아이 3	열매를 먹을 수 없어요.
교사	우리가 나무에게 해 줄 수 있는 것은 무엇인가요?
아이 4	나무를 꺾지 않아요. 보호해요.
아이 5	나무에게 고맙다고 말해요.
아이 6	종이를 아껴 써요.

❹ 질문 놀이를 통한 배움~성찰

　망치, 톱, 못 등을 교실에서 두고 놀이하면서 걱정이 앞섰습니다. 아이들이 위험한 도구를 가지고 장난은 치지 않을까, 아이들이 다치지 않을까, 하는 안전에 대한 걱정이 들었습니다. 그러나 아이들은 한 사람도 장난을 치지 않았습니다. 누가 봐도 위험해 보이는 물건이라 그런지 오히려 더 조심스럽게 망치질과 톱질을 하였습니다.

　아이들은 팻말부터, 화분 받침, 집 모양, 연필꽂이 등 나무를 이용하여 자유롭게 만들기를 하였습니다. 손으로 직접 나무의 결을 느끼고, 똑같아 보였던 나무의 무늬가 모두 다르다는 것을 발견하였습니다. 또 직접 만든 팻말을 텃밭에 나가 설치하고, 동생 반에 팻말을 만들어 선물하고, 화분 받침을 만들어 원장선생님께 선물하며 놀이를 삶과 연결하고, 다른 사람과 관계를 맺어 가며 확장시켜 나갔습니다. 필자의 유치원서에는 외부 강사가 와서 목공 놀이를 하는 특별한 날이 있었습니다. 강사가 준비한 틀에 아이들은 못질을 해 보거나 색칠을 하는 것으로 활동이 끝이 났었습니다. 목공 놀이라고 하지만 목공 놀이를 경험하는 것이 전부였지요. 그러나 교실에 교사가 다양한 재료를 준비해 주자 아이들은 틀에서 벗어나 유능하게 자신의 흥미와 생각, 경험을 연결하여 놀이를 하였습니다. 목공 놀이를 통해 나무와 친해지고, 나무의 존재에 대해 질문하고 나누면서 아이들은 조금은 어렵지만 존재에 대해 깊이 성찰해 보는 시간이 되었습니다. 나무를 단순히 놀잇감으로 생각하지 않고, 살아 있는 존재로 나와 관계를 맺으며 살아가는 존재로 생각해 보는 시간은 기후위기를 겪으며 살아가는 우리들에게 매우 의미 있는 시간이 되었습니다.

질문으로 사유하는 교사~되기

지구와 인류의 지속 가능한 공존에 관심이 높아지며 공동의 이익을 위해 사회가 협력하는 공동재로서의 교육이 강조되고 있습니다. 공동재로서의 교육은 모두가 함께 만들고 돌보는 교육으로 개인의 성장뿐 아니라 사회의 공동선을 추구합니다. 놀이 안에서 공동재로서의 교육이 이루어지려면 교사는 어떤 지원을 해야 할까요?

5장

미래 핵심역량을 키우다:
질문으로 성장하기

함께 정하는 우리 반 약속 : 공동체 역량

❶ 아이들의 삶 들여다보기

놀이중심 교육과정으로 개정되면서 시간적·공간적·물적·정서적으로 교사가 지원해야 할 부분이 더욱 폭넓어졌습니다. 이에 아이들의 자발적이고 주도적인 놀이를 지원해 주기 위한 교사의 고민도 깊어졌습니다. 어디까지 수용해 줘야 할지, 여전히 예민한 안전사고는 어떻게 예방해야 할지, 또래 간 의견 충돌은 어떻게 조율해야 하는지 고민이 앞섭니다.

❷ 질문으로 삶과 연결하기

갈등 상황 1. 놀이 규칙을 정해요

어느 날 미니카를 손가락으로 멀리 튕겨 보내기 놀이를 하는 아이들과 역할놀이를 하는 아이들의 놀이 공간 쟁탈전이 시작되었습니다. 미니카 튕기기 놀이를 하는 중에 미니카가 역할놀이 쪽으로 날아갔습니다. 아이들은 역할놀이 쪽으로 우르르 가서 미니카를 가지고 와 튕기기를 반복했습니다. 미니카 튕기기 놀이가 계속될수록 역할놀이를 하는 아이들의 불편함은 계속되었습니다. 이를 보고 교사가 미니카 놀이를 하는 아이들에게 넓은 유희실로 가서 놀이할 수 있도록 안내하였습니다.

그런데 새로운 문제 상황이 발생하였습니다. 다른 놀이를 하던 아이들도 유희실로 따라 나가 '무궁화 꽃이 피었습니다'를 하기 시작한 것입니다. 이 놀이를 하던 한 아이가 뛰어다니다 바닥에 엎드려 미니카 튕기기 놀이를 하는 아이와 부딪칠 뻔한 일이 생겼습니다. 놀이를 잠시 멈춘 후 다 같이 모여 앉았습니다.

교사	방금 무슨 일이 생겼을까요? 혹시 본 친구가 있나요?
아이 1	친구가 뛰다가 부딪칠 뻔했어요.
교사	우리가 모두 즐겁고 안전하게 놀이하려면 꼭 지켜야 하는 약속이 있어요. 어떤 것을 지켜야 할까요?
아이 2	사이좋게 놀아요.
교사	선생님이 꼭 지켜야 하는 약속을 두 가지 말해 줄 거예요. 첫째는 방해하지 않기예요. 내가 놀이하면서 다른 사람을 방해하거나 불편하게 하면 안 돼요. 다른 말로 존중이라고 해요. 그래야 모두 즐거울 수 있어요. 둘째는 안전이에요. 놀이하면서 뛰다가 넘어질 수도 있고, 다칠 수도 있어요. 그런데 위험한 행동과 놀이는 달라요. 위험한 행동은 뭐가 있을까요?
아이 3	친구를 때리는 것은 위험해요.
아이 4	뾰족한 걸로 찌르는 것은 위험해요.
아이 5	물건을 던지는 것은 위험해요.
교사	놀이를 할 때 이 두 가지 약속을 꼭 기억해 주세요. 친구들이 다치지 않고 놀이할 수 있는 방법은 무엇이 있을까요?
아이 6	같은 놀이를 하는 친구들끼리 나가면 좋겠어요.

★우리의 해결 방법 및 약속

유희실에는 같은 놀이를 하는 친구들끼리 나가서 놀이해요.

갈등 상황 2. 예상하지 못한 문제도 생길 수 있어요

같은 놀이를 하는 친구들끼리 나가자는 의견에 몇 명의 아이들이 유희실에서 '여우야, 여우야'를 하기 시작했습니다. 그 소리를 듣고 같이 하고 싶다며 아이들이 따라 나가더니, 어느새 전체 아이들이 나가 "여우야, 여우야"를 외쳤습니다. 그러자 너무 시끄러워 동생반에 방해된다는 민원이 들어왔습니다. 아이들과 다시 모여 이야기를 나누었습니다.

교사	친구들이 '여우야, 여우야' 하는데 동생들이 너무 시끄러워 놀이에 방해가 된다는 연락이 왔어요. 동생들의 놀이를 방해하지 않고 놀이하는 방법은 무엇이 있을까요?
아이 1	조그만 목소리로 놀이해요.
아이 2	목소리를 내지 않고 놀이해요.
교사	목소리를 내지 않고 놀이하면 어떨 것 같아요?
아이 2	재미없을 것 같아요.
아이 3	답답할 것 같아요.
아이 4	인원을 나눠서 나가요. 한번에 많이 나가니까 목소리가 큰 것 같아요. 조금 나가면 목소리가 작아져요.
교사	몇 명이 적당할까요?
아이 5	5명이요.

★우리의 해결 방법 및 약속

유희실에는 같은 놀이를 하는 친구들 5명씩만 나가서 놀이해요.

갈등 상황 3. 상황에 따라 추가 조정이 필요해요

5명씩 인원을 나눠서 놀이하자는 의견에 따라 유희실에서 5명이 놀이를 하였습니다. 아이들의 예상대로 소음이 훨씬 줄어들었습니다. 그런데 처음으로 나간 아이들이 한 시간 동안 놀이하자 다른 아이들은 불만이 생겼습니다.

교사	놀이하는 데 불만이 있는 친구가 있다고 해요. 한번 이야기를 들어 볼까요?
아이 1	우리도 나가고 싶은데, 친구들이 계속 안 들어와요. 우리도 놀고 싶어요.
교사	그럼 나가고 싶은 친구들이 모두 공평하게 놀이하는 방법은 뭐가 있을까요?
아이 2	시간을 정해서 놀아요.
교사	적당한 시간은 얼마일까요?
아이 3	10분이 적당해요. 10분씩 놀면 반 아이들이 모두 10분씩 놀이할 수 있어요.
아이들	10분이 좋아요.
교사	10분을 알 수 있는 방법은 무엇이 있나요?
아이 4	교실에 있는 10분짜리 모래시계를 가지고 가요. 모래시계가 다 내려가면 교실로 돌아오면 돼요.

★우리의 해결 방법 및 약속

유희실에는 같은 놀이를 하는 친구들 5명씩만 나가서 놀이해요.

10분 모래시계가 다 내려오면 교실로 들어와요.

갈등 상황 4. 상황에 따라 추가 조정이 필요해요

다음 날 아침 유치원에 일찍 온 아이들이 유희실에 모래시계를 가지고 가 잡기 놀이를 시작했습니다. 그런데 놀이하면서 가방을 정리하는 친구의 가방을 발로 차는 일이 생겼습니다.

교사	놀이하는 데 불편한 친구가 있다고 해요. 한번 이야기를 들어 볼까요?

아이 1	제가 가방을 정리하는데 친구들이 잡기 놀이하면서 제 가방을 발로 찼어요.
교사	왜 그런 일이 생겼을까요?
아이 2	친구가 앞을 안 보고 뛰었어요.
교사	그럼 이런 일이 생기지 않으려면 어떻게 해야 할까요?
아이 3	앞을 보면서 뛰어요.
아이 4	친구가 가방을 정리하고 들어올 때까지 기다려요.
아이 5	친구들이 가방 정리할 때는 나가지 않아요.

★우리의 해결 방법 및 약속

유희실에는 같은 놀이를 하는 친구들 5명씩만 나가서 놀이해요.

10분 모래시계가 다 내려오면 교실로 들어와요.

친구들이 등원하는 시간에는 나가서 놀지 않아요.

친구가 가방 정리를 할 때는 잠깐 교실에서 기다려 줘요.

❸ 질문 놀이를 통한 배움~성찰

교실에서 아이들의 의견을 모아 약속을 정한다고 하지만 형식적인 경우가 많습니다. 교실마다 구성원 상황이 다르지만 대부분의 교실 약속은 거의 비슷하고, 한번 정한 규칙은 일 년 내내 변함없는 경우가 많습니다. 하지만 생활하다 보면 여러 가지 문제 상황이 발생하기 마련입니다. 그럴 때는 교사가 판단하고 결정해 주기보다는 어떤 점이 문제였는지 확인하고, 그 해결 방법에 대해 의견을 내고 서로 조율하며 합의점을 찾아야 합니다. 공동의 문제에 관심을 가지고 의견을 모아 해결해 보는 경험은 민주시민으로 성장하기 위해 꼭 필요합니다. 이러한 경험이 쌓일수록 아이들은 책임감을 가지고 더욱 주체적으로 삶을 살아갈 수 있기 때문이죠.

중요한 것은 교사는 해결사가 아니라, 아이들이 스스로 해결할 수 있는 능력을 키워 줘야 하는 사람입니다. 따라서 교사는 혼자만의 판단으로 지시하고 명령하고 통제하기보다 아이들에게 서로 의견을 조율하며 문제를 해결할 기회를 주고, 질문을 통해 공동선의 방향을 찾아갈 수 있도록 도와줘야 합니다. 어떤 내용으로 어떻게 합의하는가는 아이들의 몫입니다. 이렇게 정한 약속은 아이들이 책임감 있게 더 잘 지킵니다.

지도 TIP

1. 유아중심이라는 말의 뜻은 아이가 원하는 대로 모두 한다는 것이 아닙니다. 아이들이 스스로 규칙을 정하되, 공동체 생활에 꼭 필요한 사회적 약속은 교사가 제시해 주세요. (예: 안전, 다른 사람 방해하지 않기, 존중 등)
2. 안전에 대해 세부적인 약속을 정하면 놀이에 제약이 많아질 수 있습니다. 예를 들어, '실내에서 뛰지 않기' 약속을 정하면 술래잡기 놀이를 할 수가 없습니다. 아이들이 스스로 판단하여 위험한 행동을 조절하는 능력을 키우는 것이 중요합니다.
3. 놀이 약속은 상황, 놀이, 대상, 장소 등에 따라 바뀔 수 있습니다. 상황에 따라 융통성 있게 놀이 약속을 정해 보세요.

질문으로 사유하는 교사~되기

교사는 갈등이 없는 교실을 원합니다. 그런데 갈등이 없는 교실은 모두가 행복할까요? 누군가는 갈등이 싫어 계속 참고 있는 건 아닐까요? 건강한 교실이란 어떤 교실일까요?

탕후루 찬반 논쟁 : 소통 능력

❶ 아이들의 삶 들여다보기

교실 속 아이들을 보면 사소한 일로 갈등을 일으킬 때가 많습니다. 특히 "내 말이 맞고, 네 말이 틀리네!"로 시작된 다툼은 "우리 형이, 누나가 그러는데…." "우리 엄마가, 아빠가 그러는데…."로 확대되어서 결국은 큰 목소리로 기선을 제압하고, 한 사람이라도 옆 친구의 동의를 얻은 아이가 이기는 경우가 많습니다. 아이들의 논쟁이 단순히 목소리 큰 사람이 이기는 것이 아닌, 좀 더 합리적인 사고를 할 수 있는 기회로 삼고 싶어 아이들을 모아 이야기를 나누었습니다.

❷ 질문으로 삶과 연결하기

어느 날 놀이 시간에 한 아이가 미술 놀이 영역에서 탕후루를 만들며 이 논쟁은 시작되었습니다. 지희가 탕후루를 만들며 친구들에게 물었습니다.

"너 탕후루 먹어 봤어?"

"응. 진짜 맛있어."

그 이야기를 듣던 이서가 말했습니다.

"탕후루 먹으면 안 돼. 이 썩고, 건강에도 안 좋아."

이서의 이야기를 듣자 지희가 발끈하며 말했습니다.

"아니야! 우리 엄마가 먹어도 된대. 양치질을 잘하면 돼."

아이들은 서로 자신의 말이 맞다고 이야기하다 판단이 필요한지 결국 선생님을 불렀습니다.

활동 방법

1. 아이들의 갈등 상황에 놀이 정리 후 이야기를 나누어 보았다.

> **교사** 오늘 놀이 시간에 친구들이 이야기하는데 서로의 생각이 달랐어요. 탕후루를 먹어도 된다는 친구와 먹으면 안 된다는 친구로 의견이 나뉘었는데 왜 그렇게 생각하는지 서로 의견을 들어 보고, 진짜 먹어도 되는지, 먹으면 안 되는지 결정하면 좋을 것 같아요.

2. 찬성하는 이유와 반대하는 이유를 각자 생각해 본 후, 서로의 의견을 듣는 시간을 가졌다.

찬성 의견 (탕후루 먹어도 돼요.)　　**반대 의견** (탕후루 먹으면 안 돼요.)

맛있어요. 먹어도 좋아요.

쓰레기가 너무 많이 나와요. 몸에 안 좋아요.

너무 맛있어서 먹어도 돼요.

은니가 깨져요. 먹으면 안 돼요

3. 서로의 이야기를 듣고 결론을 내려 보았다.

교사	친구들의 이야기를 들어 보았더니 안 먹어야 한다는 의견이 많네요.
아이 1	그런데 너무 맛있어서 먹고 싶어요. 먹고 나서 양치질을 잘하고, 쓰레기는 버리면 돼요.
아이 2	조금 먹는 것은 괜찮아요.
교사	아, 그럼 조금씩 먹고, 먹은 뒤에는 양치질을 꼼꼼하게 하고, 쓰레기는 꼭 잘 버리면 될까요?
아이들	그게 가장 좋을 것 같아요.

아이들의 속마음은?

❸ 질문 놀이를 통한 배움~성찰

미래 사회를 살아갈 아이들은 급변하는 환경 속에서 빠르게 판단하여 선택하거나 결정해야 할 일이 많아질 것입니다. 다양한 상황에서 현명한 결정을 하기 위해서는 다양한 의견을 듣고, 서로의 입장에서 생각해 보고, 논리적으로 판단하고, 생각을 정리하는 경험이 필요합니다.

아이들의 삶은 크고 작은 논쟁의 연속입니다. 자신만의 생각이 생기고, 자신의 의견을 주장하기 시작하면서 친구들과도 다툼이 많이 생기죠. 바꿔 말하면 아이들이 논리적 근거에 의해 생각을 정리하고, 합리적인 결정을 내릴 수 있는 경험을 많이 해야 한다는 뜻입니다. 아이들의 사소한 다툼이더라도 교사가 관심을 가지고 토론

주제로 삼아 다 같이 의견을 나누어 보는 경험은 아이들의 소통 능력은 물론 비판적 사고를 발달시킬 것입니다.

> **질문으로 사유하는 교사~되기**
>
> 교실 속에서 꼭 아이들의 의견이 하나로 결정되어야 할까요? 하나의 결론만 존재하는 교실은 어떤 문제가 생길 수 있을까요?

틀에서 벗어나 놀자 : 창의적 사고

❶ 아이들의 삶 들여다보기

어느 날, 유치원 교구실에 있는 교구를 교실에 가져다 놓았습니다. 체육 수업이나 게임을 할 때 사용하던 교구를 보자 아이들은 관심을 보이며 물었습니다. "오늘 체육해요? 이거 체육 시간에 하는 거잖아요." 아이들의 반응에 좀 뜨끔했습니다. 우리는 교실에서 약속 또는 규칙, 선생님 물건, 아이 물건, 수업 시간에 사용하는 것, 놀이 시간에 사용하는 것 등 틀을 정해 아이들에게 제공할 때가 많습니다. 이런 틀을 벗어나 제공한다면 아이들에게는 어떤 변화가 일어날까요?

❷ 질문으로 삶과 연결하기

아이들에게 교구를 소개하고, 마음껏 놀이해 보라고 말한 뒤 아이들의 놀이를 관찰하였습니다.

아이 1	우리 이걸로 장애물 만들어서 체육 놀이 하자.
아이 2	이거 동그라미는 훌라후프 하자.

장애물 경주를 하자.

훌라후프 놀이를 해 볼까?

그러던 중 두 친구가 네모를 만들고 그 안에 들어가 선생님을 부르며 말했습니다.

아이 3	선생님, 여기는 우리 집이에요.
아이 4	집 만들면 안 돼! 이거는 장애물 만드는 거야.
교사	왜 그렇게 생각했어요?
아이 4	이거 원래 체육하는 거잖아요.
교사	체육 시간에 많이 사용했었지요? 그런데 체육 시간에만 사용할 수 있을까요? 놀이할 때 어떻게 사용할 수 있을까요? 한번 생각해 보고 마음껏 놀이해 볼까요?

집을 만들었어요.

로켓이 곧 발사됩니다!

❸ 질문 놀이 펼치기

교사의 질문에 힘을 얻어 아이들은 조금씩 체육 교구라는 인식에서 벗어나 다양한 방법으로 활용하여 놀이를 시작하였습니다. 아이들은 놀라울 정도로 새로운 방법으로 놀이하기 시작했습니다.

교사	교구를 가지고 어떤 걸 만들었나요?
아이 1	서핑 보드로 만들어서 서핑을 했어요. 재미있었어요.
아이 2	아이스크림 가게를 만들어서 놀았어요.

아이 3	자동차 레이싱 경기장을 만들었어요.
교사	아이짐을 체육 시간이 아닌 놀이 시간에 가지고 놀이해 보니 어땠나요?
아이 4	재미있었어요. 또 가지고 놀고 싶어요.

자동차 레이싱 길을 만들고 있어요.

서핑 보드를 타요.

함께 공놀이 게임을 해요.

선생님, 버스 타고 함께 가요!

❹ 질문 놀이를 통한 배움~성찰

교사가 교구를 가지고 마음껏 놀이해도 된다고 말했음에도 대부분의 아이들은 체육 교구로만 사용했습니다. 왜 그랬을까요? 경험을 통해 '수업 시간에 사용하는 선생님 물건'이라는 고정된 사고가 형성되었기 때문이지요. 그러나 수업 시간이 아닌 자유 놀이 시간에 선생님의 물건이 아닌 놀잇감으로 기존의 경험과 사고에서 벗어나자 아이들의 놀이는 상상도 못할 정도로 풍부해졌습니다.

아이들은 교구의 모양, 크기, 길이 등을 탐색하며 다양한 형태의 구조물을 만들고, 거기에 자신의 경험을 연결하고 사고를 확장하여 놀이를 합니다. 창의성이 발현되는 순간입니다. 창의성이란 무에서 유를 이루는 기적이 아닙니다. 익숙한 것이라도 새롭게 바라보고 자신의 경험과 아이디어를 연결하여 새롭고 유용하게 만들어 가는 능력이 창의성입니다.

놀이는 창의성이 발현되는 장입니다. 아이들은 다양한 물질(놀잇감, 자연, 환경, 또래 등)과의 마주침을 통해 끊임없이 변화하며 놀이를 펼쳐 갑니다. 이때, 질문은 아이들의 생각을 새롭게 전환시켜 주는 역할을 하기도 하고, '아하!' 하며 깨우치게 하는 역할도 합니다. 놀이 속에서 질문이 빛을 발하는 이유입니다.

질문으로 사유하는 교사~되기

탈주해 보고 싶은 선생님의 교실 속 고정된 규칙 또는 교사의 생각, 고정관념은 무엇인가요?

나에게 주는 상 : 자존감

❶ 아이들의 삶 들여다보기

졸업식이 다가오면서 아이들에게 어떤 상을 줘야 할까 고민에 빠졌습니다. 음악상, 인사상, 예술상…. 해마다 연말이 되면 상의 양식에 아이들을 끼워 맞춰 형식적인 상을 주곤 했습니다. 아이들에게 의미 있는 상을 주고 싶은 마음으로 고민하던 중 "1년 동안 열심히 유치원 생활을 한 나 스스로에게 주는 상은 어떨까?" 하는 생각이 들었습니다. 타인의 평가가 아닌 스스로를 평가하여 자신을 격려해 주는 상이 훨씬 의미 있다는 생각이 들었습니다.

❷ 질문으로 삶과 연결하기

> 준비물

상장 종이, 필기도구, 색연필 등

> 활동 방법

1. 1년 동안 나의 유치원 생활을 돌아보며 나의 달라진 점에 대하여 함께 이야기 나누었다.

교사	1년 동안 유치원 생활하면서 달라진 점이 있을까요?
아이 1	키가 컸어요.
아이 2	한글을 몰랐는데 한글을 알게 되었어요.
아이 3	친구가 많아졌어요.

2. 1년 동안 내가 잘한 일이나 칭찬해 주고 싶은 점은 무엇일까? 질문에 스스로 생각해 보고, 자신에게 주고 싶은 상을 만들어 보았다.

① 상장 형식을 소개하였다. (제목, 이름, 상장 내용, 날짜 쓰기)

② 글씨를 모르는 아이는 교사가 연필로 써 준 후 따라 쓰도록 지도하였다.

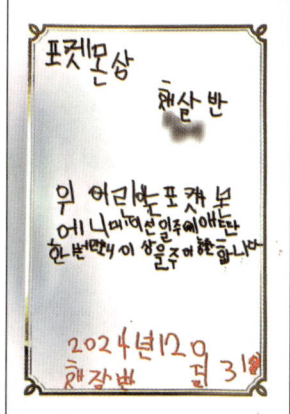
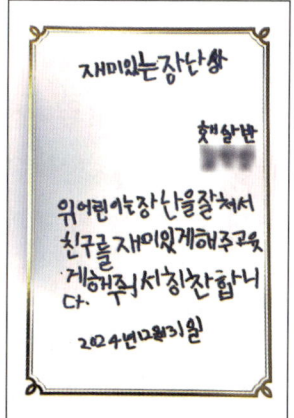
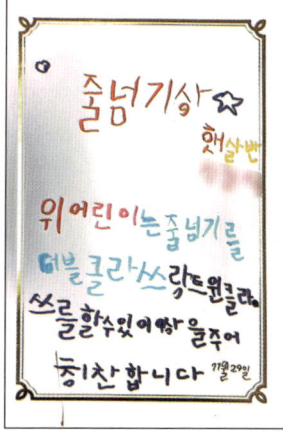

❸ 질문 놀이를 통한 배움~성찰

최근 SNS의 발달과 경쟁적인 사회 분위기 속에 다른 사람의 시선을 과하게 의식하거나, 다른 사람과 자신을 비교하며 우울감을 경험하는 사람이 많습니다. 이에 타인의 인정이나 보상에 연연하지 않고, 자신에 대한 긍정적인 평가와 칭찬으로 스스로를 긍정적으로 인식하고, 자존감을 단단하게 키우는 것이 중요합니다.

'나에게 주는 상'은 아이의 개별 특성에 맞춰 상을 주고 싶은 교사의 마음을 담았습니다. 아이들 스스로 자신의 성장한 부분, 잘하는 점, 칭찬받고 싶은 점 등을 생각해 보고 스스로 상을 만들었습니다. 교사와 부모가 아이 스스로의 평가를 있는 그대로 인정해 주고 격려해 주자 아이들은 어깨가 으쓱해졌습니다. 잘하는 것도, 좋아하는 것도 모두 다른 아이들인데, 서열화시키는 평가 속에 누군가는 열등아가 되는 우리의 교육 문화가 조금은 바뀌었으면 하는 바람입니다. 아이들이 자신만의 장점을 찾고, 또 그것을 평가하거나 재단하지 않고 있는 그대로 인정하고 격려해 주는 교육 문화가 조성되길 바라는 간절한 마음입니다.

> **질문으로 사유하는 교사~되기**
>
> 성장한 점을 찾아 자신을 칭찬해 주는 아이들처럼 나 스스로에게 따뜻한 격려를 해 주고 싶은 것은 무엇인가요?

우리나라의 보물, 직지 : 비판적 사고

❶ 아이들의 삶 들여다보기

반 아이들과 그림책 만들기 프로젝트를 하며 책 만들기를 할 때였습니다. 한 아이가 "선생님, 책을 어떻게 똑같이 만들어요?" 하고 질문했습니다. 아이의 질문에 답을 하지 않고 아이들에게 "책을 어떻게 똑같이 만들까요?" 하고 질문을 되돌려주었습니다. 교사의 옆에 있던 우석이가 "프린터로 출력하면 돼요." 하고 대답을 했습니다. "그럼, 프린터가 없던 옛날에는 책을 어떻게 만들었을까요?"라고 다시 질문해 보았습니다.

❷ 질문으로 삶과 연결하기

아이들과 책 만들기에 대해 이야기를 하다 보니 문득 직지에 관한 이야기가 생각이 났습니다. 조금 어려울 수 있지만, 아이들은 어떻게 생각할까 궁금하여 직지에 대하여 소개시켜 주었습니다. 우리나라는 세계 최초로 금속활자를 만들어 책을 만들었습니다. 세계에서 가장 오래된 금속활자본의 이름은 '직지심체요절'입니다. '직지(直指)'라고도 불리는데 현재 프랑스 국립박물관에 소장되어 있습니다. 그런데 10여 년 전 한 미국인이 한국인도 관심 없던 직지를 한국으로 돌려보내야 한다는 환수 운동을 벌였습니다. 이 미국인은 리처드 페닝턴입니다. 그의 직지 환수 운동 덕분에, 우리나라 사람들도 직지에 관심을 가지게 되었습니다. 시민단체, 연구자, 해외 동포 등 많은 사람들이 여러 차례 프랑스에 직지 반환 요구를 하였지만, 현재까지 직지는 프랑스에서 보관을 하고 있습니다. 직지는 약탈 문화재가 아니라 구입한 문화재라는 이유 때문입니다. 하지만 여전히 리처드 페닝턴은 시민단체와 함께 우리나라 직지 환수 운동을 펼치고 있습니다.

직지 환수 운동에 대해 알아보자

준비물

https://www.youtube.com/watch?v=i3b0PbZBw3w (검색어: 직지 환수 운동)

활동 방법

1. 질문으로 서로의 생각을 이야기 나누었다.

교사	프린터가 없던 아주 옛날에는 책을 어떻게 만들었을까요?
아이 1	직접 글씨를 썼어요.
교사	사람이 직접 글씨를 써서 책을 만들면 어땠을 것 같아요? 여러분이 책 한 권 전체를 직접 글씨를 써야 한다면 어떨 것 같아요?
아이 2	너무 힘들 것 같아요.
아이 3	시간이 너무 오래 걸릴 것 같아요.
교사	맞아요. 사람이 글씨를 직접 써서 책을 만들면 시간이 아주 오래 걸리겠죠? 그 때문에 책을 많이 만들지 못했대요. 그래서 좀 더 편하게 많은 책을 만드는 법은 무얼까 생각했어요. 그게 바로 금속활자예요.
아이 4	금속활자가 뭐예요?
교사	도장 찍어 본 적 있나요? 글자 도장 같은 거예요. 책의 글자를 도장처럼 만들어서 먹물을 묻혀 종이에 찍어 냈어요. 금속활자로 찍어서 만든 책을 우리나라가 세계 최초로 만들었어요. 그 책 이름은 '직지'인데, 지금 우리나라에 없고 프랑스에 있어요.
아이 5	왜 우리나라에 없고 프랑스에 있어요?
교사	옛날 프랑스 사람들이 한국에 와서 사가지고 갔대요. 그런데 한 미국 사람이 직지를 한국에 돌려줘야 한다고 캠페인을 하고 있어요.

2. 직지 환수 운동 관련 뉴스를 함께 보고 이야기를 나누었다.

아이 1	왜 미국 사람이 돌려줘야 한다고 말을 해요?
교사	왜 그랬을까요?
아이 2	직지가 우리나라 것이니까요.
교사	그럼 우리나라 사람들은 왜 직지를 돌려 달라고 말하지 못했을까요?
아이 3	프랑스에 있어서 우리나라 것인지 모를 것 같아요. 프랑스에 있으니 프랑스 것인 줄 알아요.
아이 4	무서워서 말 못했어요.
아이 5	싸우기 싫어서요.
교사	직지는 세계 최초의 금속활자본으로 우리나라의 아주 자랑스러운 보물이에요. 이 직지를 어떻게 하면 좋을까요?
아이 6	우리나라에 가지고 왔으면 좋겠어요.
교사	가지고 올 수 있는 방법은 무엇일까요?
아이 7	돌려 달라고 말해요.
교사	지금 우리가 할 수 있는 것은 직지가 우리나라 보물이라는 것을 기억하는 거예요. 많은 사람들이 기억하고, 프랑스에게 돌려받을 수 있는 좋은 방법을 생각해야 해요.

직지 반환 운동 포스터를 만들어요

준비물

4절지, 다양한 꾸미기 재료, 잉크, 화선지, 롤러 등

> **활동 방법**

1. 직지 반환 운동 포스터를 만들어 보았다. 함께 만든 포스터를 찍은 사진을 학부모에게 공유하여 SNS 등을 통해 직지 반환 운동 알리기에 동참해 줄 것을 독려하였다.
2. 놀이 시간 글자 판화를 만들어 직접 탁본 체험을 해 보았다.

직지 반환 포스터를 만들었어요.

활자를 잉크로 찍어 보았어요.

❸ 질문 놀이를 통한 배움~성찰

K-POP, K-드라마, K-뷰티 등 전 세계에서 우리나라 문화가 큰 관심을 받고 있습니다. 반면에 우리나라 사람들은 우리의 역사와 문화유산에 관심이 많지 않습니다. 역사는 학교 때 시험을 보기 위해 외우며 공부한 것이 전부입니다. 그러나 역사는 과거를 되돌아보며 현재를 살고, 다시 더 나은 미래로 나아가기 위한 여정입니다. 우리의 과거를 되돌아보며 우리의 문화유산에 관심을 가져야 더 이상 소중한 우리의 유산을 빼앗기거나 잃어버리지 않을 수 있습니다. '아이들은 직지를 이해할 수 있을까?' 라는 걱정도 되었지만, 직지에 관련된 이야기를 들은 아이들은 "프랑스가 어떻게 하면 돌려줄까?" "누가 직지를 팔았을까?" "왜 미국인이 직지를 돌려 달라고 할까?" 등 다양한 질문을 하며 열띤 토론을 이어 갔습니다. 직지가 몇 년도에 만들어졌고, 누가 만들었는지 등의 지식은 전달하지 않았지만, 아이들의 가슴은 한민족으로서 뜨거워지고 있음을 느꼈습니다. 한민족으로서 자긍심을 가지고 함께 머리를 맞대고 어려움을 헤쳐 나갈 수 있게 하는 것, 그것이 아이들을 위한 최고의 역사 교

육이라 생각합니다.

> **질문으로 사유하는 교사~되기**
>
> 작은 관심이 모여 세상을 변화시키는 큰 힘이 되기도 합니다. 우리의 관심이 필요한 것은 또 무엇이 있을까요? 주변에서 찾아보세요.

6장

존중이 기본이다:
질문으로 코칭하기

아이를 향한 존중의 언어, 질문

"선생님, 이제 놀아도 돼요?"

"네. 그런데 지금 선생님이랑 미술한 게 놀이한 거예요. 미술 놀이."

아이들과 미술 놀이하는 걸 좋아했던 필자는 놀이 시간이면 다양한 수업을 준비해 미술 놀이를 자주 했습니다. 대부분의 아이들이 필자가 준비한 미술 활동에 관심을 보이며 참여했습니다.

"이거 뭐예요? 저도 해 보고 싶어요."

물론 활동에 관심이 없는 아이들도 있었습니다. 그러나 대부분의 아이들이 활동에 참여하면 필자는 꼼꼼하게 빠진 아이는 없는지 확인하여 반 전체 아이들을 미술 활동에 참여시켰습니다. 덕분에 하원할 때 아이들은 손에 작품 하나씩을 들고 갈 수 있었습니다. 학부모는 아이들이 만든 작품을 보며 좋아했고, 아이들도 자신이 만든 작품을 부모님께 보여 주며 뿌듯해 했습니다. 그런 모습을 보며 교사로서 성취감을 느껴 더 열심히 수업을 준비했었습니다.

그런데 마음 한편에서 늘 질문 하나가 있었습니다. 그건 아이들이 미술 활동이 끝난 뒤에 이제 놀아도 되냐고 묻는 이유였습니다. 교사가 열심히 준비한 미술 활동을 분명 즐겁게 참여한 것 같은데, 왜 아이들은 활동을 마치면 이제 놀아도 되냐고 묻는 걸까요? 그 질문이 왠지 마음이 불편해서 필자는 아이들에게 "놀이 시간에 선생님이랑 하는 모든 활동은 놀이예요." 하며 놀이에 대한 정의(?)를 다시 알려 주고는 했었습니다.

그러던 중 놀이중심 교육과정의 이론적 배경이 된 현대철학을 공부하면서 아차 싶었습니다. 아이들에게 다양한 경험을 주기 위해 열심히 준비한 내 수업이 진짜 누구를 위한 것이었을까? 아이들이 해 보고 싶은 활동이 아닌 교사가 아이들과 해 보고 싶은 활동을 준비한 것은 아니었을까? 학부모에게 보여 줄 결과물이 괜찮은 활동을 준비한 것은 아니었을까? 아이들도 분명 자신이 하고 싶은 놀이가 있었을 텐데, 교사 때문에 의무감으로 놀이했을 수도 있다고 생각하니 아이들에게 미안해졌습니다. 결국 아이들을 위한다고 했지만, 아이들의 의견은 없었습니다. 어쩌면 교사 혼자만의 만족이었는지 모르겠습니다.

곰곰이 생각을 해 보니 아이들에게 의견을 묻고, 아이들의 선택을 존중한다고 하지만 실제로는 필자가 이미 정해 놓은 답을 말하도록 유도 질문을 하고, 교사가 계획한 놀이에 아이들은 의무적으로 참여해야 했습니다. 물론 교사가 놀이를 이끌어 줘야 할 때도 분명 있습니다. 아이들이 놀이의 방법을 모르거나, 다양하게 놀이하는 것이 서툰 경우 교사가 함께 놀이하며 아이들을 이끌어 줘야 하겠죠. 그러나 놀이 시간의 대부분은 아이들이 주도적으로 놀이할 수 있도록 기회를 주어야 합니다. 아이들이 스스로 판단하고, 선택해서 놀이할 수 있도록 말이죠.

유아기는 자아존중감과 타인에 대한 존중, 배려와 같은 인성의 기초가 형성되는 중요한 시기입니다. 아이들은 다른 사람과의 언어적·비언어적 상호작용을 통해 존중받는 느낌을 받습니다. 존중받는 경험을 한 아이들은 자신을 소중하게 여기고, 자연스럽게 다른 사람을 존중하는 태도를 가집니다. '존중의 언어'가 중요한 까닭입니다.

존중의 언어란 상대방을 동등한 인격체로 인식하고 대화하는 의사소통 방식입니다. 명령, 지시, 비교, 비난, 비판, 판단하지 않는 비폭력적인 소통 방식, 아이의 속도에 맞춰 기다려 주고, 아이의 생각과 감정 등 어떤 이야기도 그대로 수용해 주고 경청하며 선택권을 주는 소통 방식, 즉 질문은 존중의 언어 중 하나입니다.

그러면 존중의 언어, 질문을 통해 소통하는 방식을 알아보겠습니다.

아이들에게 의견을 묻고, 함께 결정합니다.

놀이중심 교육과정 개정 이후 아이들의 의견을 물어보려고 노력하는 교사들이 많아졌습니다. 그러나 무의식적으로 보여지는 교사의 모습에서 아이들은 미숙하고 문제를 해결하지 못하는 존재로 여기고, 교사가 엄하게 야단쳐서 잘못한 것을 바로 잡아 줘야 한다는 인식이 여전히 남아 있습니다. 학급의 일을 결정할 때도 대부분의 교사들은 학급 아이들과 논의하기보다는 동료 교사와 의논할 때가 많습니다. 환경을 구성하는 일, 놀이 계획을 세울 때도 아이들의 흥미와 관심이 아닌 교사들의 의견으로 결정되는 경우가 많습니다. 교실 속 갈등 상황, 문제 상황에서도 비슷합니다. 아이들의 이야기를 대략 들은 후 "○○이 잘못했어요. 얼른 사과하세요!" "○○도 똑같이 잘못한 거예요. 얼른 사과해요." 하고 속전속결로 판결을 내립니다. 아이들의 목소리를 잘 듣지 않는 것이죠.

"교실을 어떻게 꾸미면 좋을까요?" "미술 활동 중에 해 보고 싶은 활동이 있나요?"와 같은 질문을 통해 아이들의 의견을 듣는 것이 중요합니다. 아이들은 놀이의 주체이고, 교실을 사용하는 공동 책임자이기 때문이지요. 또 교실의 문제 상황에서는 "역할놀이 친구들이 쌓기 놀이하는 친구들 때문에 방해가 된대요. 해결할 수 있는 방법은 무엇이 있을까요?" "교실에서 뛰어다니는 친구가 있어 선생님은 다칠까 봐 염려가 돼요. 모든 친구들이 안전하게 놀이하는 방법은 무엇이 있을까요?" 하며 명령하고 지시하는 것이 아니라 의견을 나누며 스스로 문제를 해결하고, 행동을 조절해 보는 경험이 필요합니다. 이러한 경험이 아이들을 민주시민으로 성장하게 도와줍니다. 교사만이 교실의 문제를 해결하고 책임지는 것이 아니라, 아이들도 학급의 공동 책임자로 인식하고 존중해야 합니다. 교사가 답을 주기보다 아이들과 머리를 맞대고 학급의 일을 함께 의논하여 결정하고, 아이들의 의사 결정을 존중해 주며 함께 책임감을 가질 때 비로소 진짜 존중이 됩니다.

아이들의 감정을 질문으로 공감합니다.

"울지 마. 괜찮아. 좀 있으면 엄마를 만날 수 있어요." "속상했구나." 아이들이 울거나 속상한 일이 생기면 교사는 아이들의 감정을 쉽게 판단하고, 별일 아닌 것처럼 말하는 경우가 많습니다. 아이는 괜찮지 않은데 교사는 자꾸 괜찮다고 말하며 아이의 감정을 수용해 주지 않습니다. 아이들은 진짜 괜찮은 걸까요? 아니면 괜찮길 바라는 교사의 바람일까요? 아이들은 자신의 감정이 수용될 때, 부정적인 감정이 해소됩니다. "많이 속상했어?" "엄마와 함께 있고 싶었어?" "엄마랑 떨어져서 슬픈 거야?"처럼 아이의 감정을 묻고 "엄마랑 함께 있고 싶어 슬펐구나." "그래서 눈물이 났구나." 하며 아이의 감정을 있는 그대로 읽어 주고 공감해 줄 때 아이는 스스로의 감정을 이해하고 조절할 수 있게 됩니다.

질문으로 아이들에게 선택권을 줍니다.

아이들은 스스로 선택하고 행동하며 주도성이 발달합니다. 또한 선택한 행동에 대한 책임감도 기를 수 있습니다. "어떤 놀이를 하고 싶어요?" "둘 중에 어떤 그림책을 읽고 싶어요?"처럼 질문을 통해 아이가 스스로 선택할 수 있는 기회를 주어야 합니다. 스스로 판단해서 선택하는 것을 어려워하는 아이에게는 "미술 놀이 해 볼까요? 아니면 블록 놀이를 해 볼까요?"처럼 둘 중에 하나를 선택할 수 있는 질문이 좋습니다. 점차 선택하고 결정하는 것이 능숙해지면 "무슨 놀이를 할까요?"처럼 스스로 생각해서 결정하게 합니다. 급식 시간에도 마찬가지입니다. 아이들이 먹기 싫어하는 음식을 강요하는 경우가 있습니다. 이는 아이들에게 음식에 대한 거부감을 줄 수 있으므로 교사가 해서는 안 되는 행동 중에 하나입니다. 대신 "선생님은 네가 건강해지기 바래. 네가 건강해질 수 있게 김치와 나물 중에 한 가지라도 먹어 볼까요?" "이 나물 먹으면 몸이 튼튼해질 수 있는데 한번 먹어 볼까요?"처럼 아이 스스로 자신의 건강을 위해 선택하여 먹어 보고, 건강한 식습관을 스스로 기를 수 있도록 지도합니다.

질문은 단순히 궁금한 것을 묻는 의미를 넘어 아이들을 동등한 인격체로 참여시키고, 개별적인 존재로 존중하는 것을 기본 바탕으로 하여 아이의 전인적인 성장을 도와줍니다. "뛰지 마!" "조용히 해!" 하고 명령하고 지시하기보다 "걸어가 줄래요?" "선생님 목소리가 들리게 좀 조용히 해 줄래요?"처럼 존중하는 마음을 담아 질문하고, 경청해 주며, 공감해 주는 따뜻한 교사의 존중 언어가 우리 아이들을 성숙한 어른으로 성장시킬 것이라 믿습니다.

아이의 행동 안에는 욕구가 숨어 있다

아이들은 놀이뿐만 아니라 장난치기, 밀기, 소리 지르기, 울기 등 다양한 행동을 합니다. 아이들이 왜 이런 행동을 하는지 이유를 모두 알면 좋겠지만, 가끔은 도대체 왜 그런지 답답할 때가 있습니다.

모든 사람의 행동에는 욕구가 숨어 있습니다. 욕구란 쉽게 말해 우리를 행동하게 하는 힘입니다. 사람들은 무의식적으로 욕구를 충족시키려 하고, 충족되지 못하면 결핍이 일어납니다. 특히 어릴 때의 욕구 결핍은 평생을 따라다니며 영향을 미칠 수 있어 유아기의 욕구 충족은 매우 중요합니다. 유아기 욕구 결핍 시 나타나는 문제행동은 다음과 같습니다.

연령별 욕구 결핍 시 나타나는 증상(김현섭·김성경, 2018)

시기	충족 욕구	결핍 시 문제행동
영아기 0~1세	혼자서 아무것도 할 수 없는 시기로 울음과 떼쓰기로 표현하며, 생존의 욕구와 사랑의 욕구가 충족됨.	의심, 불안, 사회성 저하, 탐식
유아기 2~3세	걸음을 걸으며 마음대로 이동하고, 마음대로 하고 싶어하는 자율성의 시기로 자유의 욕구가 충족됨.	결정 장애, 남에게 맞추거나 남 탓하는 아이, 강박, 의존
유년기 4~6세	주도성을 가지고 자신의 생각과 선택을 새롭게 시도하려는 시기로 힘의 욕구가 충족됨.	눈치 보기, 자신 없음, 탐욕

그러나 욕구가 충족된다고 문제가 없는 것은 아닙니다. 성장 과정에서 욕구를 충족시켰을 때 한 행동을 우리는 저장하게 되는데, 이를 윌리엄 글래서(William Glasser)는 '좋은 세계'라고 칭했습니다. 욕구를 충족한 방법이 옳은지 그른지 상관없이 사람은 본능적으로 다음 욕구를 충족할 때도 '좋은 세계'에 저장된 같은 방법을 사용한다고 합니다. 예를 들어, 떼를 쓰는 방법이 저장되었다면 다음번에도 떼를 쓰는 방법으로 욕구를 충족시키려 하는 것이지요. 아이가 부정적인 방법으로 반복해서 욕구를 충족시키려 한다면 교사는 아이의 욕구를 찾아 긍정적인 방향으로 충족하는 방법을 알려 줘야 합니다. 이 과정이 '욕구 코칭'입니다.

윌리엄 글래서는 인간의 기본 욕구를 생존의 욕구, 사랑과 소속의 욕구, 힘의 욕구, 자유의 욕구, 즐거움의 욕구로 제시했습니다. 모든 사람에게는 이 5가지 욕구가 있고, 욕구의 강도는 사람마다 다르고, 또 상황에 따라 나타나는 욕구도 다릅니다. 예를 들어, 사랑의 욕구가 높아 다른 사람과 함께하고 싶어 하다가도, 때로는 자유의 욕구 때문에 혼자 있는 시간을 원하기도 합니다. 또는 생존의 욕구 때문에 혼자만의 휴식 시간을 가질 수도 있습니다. 이렇듯 혼자 있고 싶은 행동은 같지만 사람마다 원하는 욕구는 다를 수 있습니다.

그래서 아이들의 행동만을 보고 판단하는 것은 매우 위험합니다. 아이들의 행동 안에는 각자 다른 욕구가 있고, 아이의 행동을 보는 교사의 욕구에 따라 다르게 이해될 수 있기 때문입니다. 예를 들어, 놀이 시간 정리를 안 하는 아이를 보며 교사의 욕구별로 생각과 지도 방식의 차이가 있습니다.

생존의 욕구가 강한 교사는 정리를 안 하는 아이의 행동에 스트레스를 받으며 본인이라도 치웁니다. 그러나 자유의 욕구가 강한 교사는 별로 신경 쓰지 않고 "이따가 하겠지." 하고 대수롭지 않게 생각합니다. 사랑의 욕구가 강한 교사는 "함께 가서 정리를 해 볼까요?"라고 제안하며 같이 정리를 도와줍니다. 힘의 욕구가 강한 교사는 아이에게 정리하라는 명령을 하고, 상벌을 줍니다. 즐거움의 욕구가 강한 교사는 정리 게임을 하며 즐겁게 정리에 참여시킵니다.

이렇듯 교사의 욕구를 이해하고 아이의 욕구를 이해하면, 아이가 왜 그런 행동을 하는지, 교사의 어떤 욕구 때문에 더 불편하게 느꼈는지 파악할 수 있습니다. 그리고 아이의 행동을 조금 더 객관적으로 보고, 아이의 욕구를 찾아 문제행동에 맞는 적절한 지원을 할 수 있습니다. 교사인 나 자신의 욕구를 먼저 이해하는 것이 중요한 까닭입니다.

도대체 왜 그런지 알 수 없는 아이들의 행동에도 욕구가 숨어 있습니다. 아이들은 무의식적으로 욕구를 충족시키고 싶어 하나 적절한 방법을 모르는 경우가 많습니다. 아이의 행동 안에 있는 욕구를 찾아 교사가 알아주고 공감해 주는 것만으로 아이는 마음을 열고 자신의 행동을 보게 됩니다.

그러면 5가지 기본 욕구별 특징을 알아보도록 하겠습니다.

5가지 기본 욕구별 특징

욕구	높을 때 특징
생존의 욕구	• 건강에 관심이 많아 규칙적인 운동, 건강한 식단, 청결 등을 중요시 여긴다. • 사회적 규칙, 약속을 잘 지킨다. • 절약, 저금을 잘하는 등 아끼고 경제 관념이 높다. • 생활 루틴이 있다. • 살아남기 위해, 미래를 위해 열심히 산다. • 안전에 대한 걱정이 많아 모험, 도전을 잘 하지 않는다.
사랑과 소속의 욕구	• 사람에 관심이 많고, 친밀한 관계를 중시한다. • 함께하는 것을 좋아한다. • 외로움을 잘 타고, 늘 누군가를 만나려고 한다. • 주는 만큼 받는 것도 좋아하여 서운함을 잘 느낀다. • 친절하고, 공감 능력이 뛰어나고, 배려를 잘한다. • 마음으로 연결을 중요시 하고 자신의 마음을 잘 표현한다.

힘의 욕구	• 추진력이 좋으며, 자신의 생각을 강하게 주장하고, 결단력이 좋다. • 당당해 보이고, 자기표현을 잘하며, 거절도 잘한다. • 성격이 급하고, 계획한 것은 주도적으로 이끌어 성취하려고 한다. • 주변 사람들에게 인정받고 싶어 한다. • 좋고 나쁨, 옳고 그름 등에 대한 생각이 분명하다. • 승부욕이 강하고, 다른 사람들에게 지시, 지적, 명령을 잘하고, 리더십이 있다.
자유의 욕구	• 지시와 잔소리를 싫어하며, 구성원이 함께하는 것을 부담스러워한다. • 다른 사람에게 시키는 것도, 누군가 자신에게 시키는 것도 싫어한다. • 규칙에 대해 허용적이며, 규칙을 지키는 것을 어려워한다. • 혼자서 밥 먹고 여행하는 등 혼자만의 시간이 편하다. • 다른 사람과 적정 거리를 유지하는 것이 좋고, 다른 사람을 구속하거나 구속당하는 것이 불편하다. • 누군가의 깊은 관심, 과도한 친절이 부담스럽다. • 다른 사람과 감정과 마음을 연결하지 않고 별개로 여긴다. • 자신의 생각과 느낌 등을 창의적으로 표현한다.
즐거움의 욕구	• 일상 속에서 즐거움을 찾고, 쉬는 것도 즐거움을 누리면서 쉰다. • 힘들어도 즐거움을 누리며 스트레스를 푼다. • 똑같은 방식을 싫어하고, 재미를 위해서는 돈을 아끼지 않는다. • 음주가무를 즐기고, 오감의 즐거움을 위한 맛집 찾기, 다양한 취미생활을 즐긴다. • 잘 웃고 밝은 편이며, 큰 걱정 없이 하고 싶은 것들을 시도한다. • 새로움에 호기심이 많아 배우는 것과 가르치는 것을 좋아한다. • 무엇을 하든 즐겁게 해야 하지만, 흥미를 쉽게 잃기도 한다.

다음 욕구 강도 프로파일을 통해 자신의 욕구를 알아보도록 합니다. 유아용 검사지가 별도로 없는 관계로 아이들은 아이의 행동을 보고, 욕구별 특징에 따라 이해할 수 있습니다.

5가지 기본 욕구로 살펴보는 나 (성인용)

- 문항의 빈칸에 자신에게 맞는 점수를 기록하고 합계를 내 보세요.

언제나 그렇다(5) 자주 그렇다(4) 때때로 그렇다(3) 별로 그렇지 않다(2) 전혀 그렇지 않다(1)

생존의 욕구	사랑의 욕구	힘의 욕구	자유의 욕구	즐거움의 욕구
돈이나 물건을 아껴 쓴다. ( )	사랑과 친근함을 많이 필요로 한다. ( )	내가 한 일에 대해 인정받고 싶다. ( )	나에게 지시하는 것이 싫다. ( )	큰소리로 웃는다. ( )
계획을 세워야 마음이 편안하다. ( )	모임 후 설거지 등 뒷정리를 자발적으로 한다. ( )	조언을 잘 하는 편이다. ( )	나를 구속하려는 느낌이 들면 거리를 두게 된다. ( )	유머를 사용하거나 듣는 것이 즐겁다. ( )
균형 잡힌 식생활을 하려고 노력한다. ( )	다른 사람을 위한 일에 기꺼이 시간을 낸다. ( )	다른 사람에게 뭔가 시키는 것이 어렵지 않다. ( )	아무리 옳은 말이어도 반복해서 말하지 않는다. ( )	모든 것을 긍정적으로 생각한다. ( )
상식이나 규범에서 벗어나지 않으려고 한다. ( )	모임에 적응을 잘 못하는 사람이 있으면 돕고 싶다. ( )	옳다고 생각되면 강하게 이야기하고 이루어 낸다. ( )	정해진 규칙이라도 꼭 지켜야만 하는 것은 아니다. ( )	새로운 방식으로 일하거나 생각해 보는 것이 즐겁다. ( )
청소나 정리가 되어야 마음이 편하다. ( )	사람들과 함께 있는 것을 좋아한다. ( )	결정을 할 때 내가 낸 의견이 선택되면 좋겠다. ( )	정해진 방식이 아닌 다른 방식으로 해 보고 싶다. ( )	무엇을 하든 즐기는 것이 중요하다. ( )

꼼꼼하고 섬세한 편이다. ( )	가깝고 친밀한 관계를 지향한다. ( )	무리한 부탁을 할 때 거절할 수 있다. ( )	혼자만의 시간이 꼭 필요하다. ( )	여행을 많이 다니는 편이다. ( )
안정된 미래를 위해 저축하거나 투자한다. ( )	좋은 것이 있으면 나누어 주고 싶다. ( )	내 분야에서 탁월한 사람이 되고 싶다. ( )	친한 사람이어도 연락을 자주 하지 않는다. ( )	새로운 것을 배우는 것이 즐겁다. ( )
모험은 될 수 있는 한 피하고 싶다. ( )	배려하거나 양보해야 마음이 편하다. ( )	내가 있는 곳에서 리더 역할을 한다. ( )	한 가지를 오래 혹은 끝까지 하는 것이 어렵다. ( )	영화나 음악 감상을 좋아한다. ( )
외모를 단정하게 가꾸는 데 관심이 있다. ( )	사랑하는 사이에는 비밀이 없어야 한다고 생각한다. ( )	잘못된 일에 대해서 내 생각을 표현하는 편이다. ( )	실수나 다름에 대해 그럴 수 있다고 생각한다. ( )	흥미 있는 게임이나 놀이를 즐긴다. ( )
쓸 수 있는 물건은 버리지 않고 보관한다. ( )	힘든 사람을 보면 도와주고 싶다. ( )	내 성취와 재능이 자랑스럽다. ( )	계획과 다르게 진행되어도 괜찮다. ( )	호기심이 많다. ( )
합계 :	합계:	합계 :	합계 :	합계 :

출처: 욕구코칭연구소(김성경, 김현섭)

욕구 강도 프로파일을 체크한 뒤 각 욕구별로 점수를 더하여 계산하고, 가장 높은 욕구부터 차례대로 살펴봅니다. 점수가 가장 높은 욕구는 기본적으로 검사자가 가진 높은 욕구로 이해하면 됩니다.

테스트 점수가 35점 이상이면 욕구가 높고, 25점 이하이면 낮다고 해석할 수 있습니다. 모든 욕구가 30점 이하로 낮게 나올 경우는 의욕이 없거나 무기력한 사람, 우울한 사람, 세상일에 큰 의미를 두지 않는 사람이라고 할 수 있습니다.

욕구를 분석할 때 주의할 점은 욕구가 높고 낮음은 성숙함과는 다르다는 것입니다. 높은 게 좋고, 낮은 게 나쁜 것이 아니라 5가지 중 어떤 욕구가 높고 낮은지에 따라 사람의 특성과 행동이 다를 뿐입니다. 또한 단순히 욕구만을 보고 판단하는 것이 아니라, 상황의 전후 맥락을 이해하고, 같은 욕구라도 긍정 방향으로 쓰이는지 부정 방향으로 쓰이는지를 함께 살펴봐야 합니다. 욕구를 분석하는 것은 아이를 이러이러한 욕구를 가진 아이로 규정하는 것이 아니라, 아이의 특성과 행동을 이해하는 근거로 사용하기 위해서입니다.

좋은 칭찬과 격려가 아이를 성장시킨다

　초등학생을 대상으로 한 실험이 있습니다. 이 실험에서는 500명의 학생을 두 집단으로 나누어 문제를 풀게 한 후, 한 집단에게는 "참 영리하고 똑똑하구나." 하며 개인의 지능을 칭찬했고, 다른 집단에게는 "열심히 노력했구나."처럼 노력과 과정을 칭찬했습니다. 이후 두 집단에게 쉬운 문제와 어려운 문제 중 하나를 선택하라고 했습니다. 지능을 칭찬받은 학생의 70%는 쉬운 문제를, 노력과 과정을 칭찬받은 학생의 90%는 어려운 문제를 선택했습니다. 또 고난도 문제를 풀게 했을 때, 노력과 과정을 칭찬받은 학생들은 끝까지 도전하며 끈기를 보였지만, 지능을 칭찬받은 학생들은 쉽게 포기했습니다. 마지막으로 난이도가 같은 문제를 두 집단에게 풀게 했을 때, 노력을 칭찬받은 학생들은 첫 시험보다 30% 성적이 향상되었고, 지능을 칭찬받은 학생들은 20% 성적이 낮아졌습니다.

　이 실험은 미국 심리학자 캐롤 드웩(Carol Dweck)의 연구로, 칭찬의 방식에 따라 학생들의 도전 정신, 끈기, 학습 태도, 성적까지 달라질 수 있음을 시사합니다. 즉, 재능보다 과정과 노력을 칭찬할 때 학생들의 주도성과 학업 성취율이 높아진다는 것이 이 실험에서 입증되었습니다.

　이 실험에서 보듯 교사의 칭찬 한마디가 아이들의 행동과 태도에 큰 변화를 줍니다. 반대로 잘못된 칭찬은 역효과를 내기도 합니다. 따라서 적절한 칭찬과 격려가 필요합니다. 그럼 칭찬과 격려는 어떤 차이가 있을까요?

칭찬과 격려에 대한 사전적 의미를 보면, 칭찬은 좋은 점이나 훌륭한 일을 높이 평가하는 것을 의미하고, 격려는 용기나 의욕이 솟아나도록 북돋워 주는 것을 의미합니다. 칭찬은 그 사람의 좋은 점, 잘한 점 등 결과나 성취에 초점이 있다면, 격려는 노력한 과정이나 태도 등에 초점을 두었습니다.

유아교육기관에서 근무하는 교사 또는 학부모는 칭찬을 무척 많이 합니다. 교사들끼리 우스갯소리로 살면서 유아기만큼 칭찬을 많이 받는 시기는 없을 것이라고 합니다. 신발만 혼자 신어도 칭찬받고, 화장실에서 물만 내려도 칭찬을 받으니 말이죠. 그만큼 교사나 부모가 아이들에게 칭찬을 많이 하지만, 대부분의 칭찬은 '예쁘다', '똑똑하다'와 같이 가지고 태어난 재능이나 외모에 대한 칭찬과 '잘했어', '대단해', '훌륭해'와 같은 추상적이거나 평가가 담긴 칭찬인 경우가 많습니다. 이러한 칭찬은 아이를 일시적으로 으쓱하게 할 수는 있지만, 아이가 자랄수록 큰 의미를 주지 못합니다.

이러한 칭찬은 역효과도 큽니다. 아이들이 칭찬에 의존하여 칭찬받지 못할 일에는 도전하지 않습니다. 칭찬받을 만한 결과가 나올 것 같지 않으면 중도에 포기하고, 잘 보이고 싶은 마음이 커져 남을 의식하게 됩니다. 따라서 칭찬을 가장 많이 받는 유아기는 좋은 칭찬과 격려가 더욱 중요합니다.

그럼 좋은 칭찬과 격려는 어떤 것일까요?

첫째, 결과보다는 과정에 집중하는 것입니다.

아이가 그림을 그렸을 때 "우와, 멋지다." "잘 그렸어." "누굴 닮아서 이렇게 잘하는 거야."와 같은 반응보다는 "색을 그림에 맞게 잘 선택해서 사용했네." "그림을 어떻게 그릴까 고민을 많이 했구나. 그림에서 고민의 흔적이 보여." "정성스럽게 색칠을 했구나." "그만하고 싶었을 텐데 끝까지 완성을 했네."처럼 과정에 초점을 맞추어 말합니다.

둘째, 존재 자체를 감동과 감탄으로 바라봅니다.

들뢰즈는 저서 『들뢰즈와 교육: 차이생성의 배움론』에서 "우리의 존재가 우월하거나 열등하든, 또는 크거나 작든 우리는 계속해서 다르게 되어 갈 수 있고 끊임없이 차이화할 수 있다는 점에서 모두가 일의적이고 동등한 존재"라고 말했습니다. 이렇듯 아이들을 성인의 축소판이나 미숙한 존재가 아닌 존엄성을 가진 동등한 존재로 바라봐야 합니다. 무엇을 특별히 잘해서, 칭찬받을 행동을 해서 칭찬하는 것이 아닌, 존재 자체로 귀하고 소중하게 생각하며 감동과 감탄으로 칭찬해야 합니다. "어쩜 이런 생각을 했어?" "오늘도 하루를 잘 보낸 네가 너무 기특해." "네가 해 준 말은 정말 감동이야." "너는 정말 존재만으로 특별해." "네가 있어서 너무 기뻐."처럼 아이들을 존재 자체만으로 특별하고 감동을 준다고 칭찬을 할 때, 아이들은 자신을 스스로 귀한 존재로 여기고, 세상을 살아가는 힘을 얻을 것입니다.

셋째, 긍정적으로 바라보고 격려합니다.

쿨리(Charles Horton Cooley)가 제시한 '거울 자아 이론'은 사람은 다른 사람의 시선과 평가에 대한 자신의 감정적 반응으로 자아상을 만들어 간다는 개념입니다. 쉽게 말해 "너는 좋은 사람이야."라는 다른 사람의 평가에 거울처럼 자신을 비추어 보며 이때 느낀 감정을 해석하여 '나는 좋은 사람'이라는 자아상을 만든다는 것입니다. 긍정적인 평가를 받을수록 긍정적인 사람이 되고, 부정적인 평가를 받을수록 더 부정적인 사람이 된다고 합니다. 그래서 아이들을 바라볼 때는 같은 행동이라도 긍정적으로 바라보고 격려하는 것이 필요합니다. 예를 들어, '고집이 세다' 보다는 "자기주장을 할 줄 아는구나."로, '의존성이 크다'가 아닌 "사람을 잘 따른다.", '겁이 많다' 보다는 "신중하다." 등 긍정적으로 보고, 긍정적으로 격려해야 합니다.

넷째, 실패를 배움의 기회로 삼도록 격려해야 합니다.

실패했을 때가 어쩌면 위로가 가장 필요할 때입니다. 그러나 자칫 "내가 그럴 줄 알았다." "그것도 못해?" "아휴~ 답답해."처럼 아이의 실패에 대해 부정적으로 표현할 수 있습니다. 이는 아이를 더욱 좌절하게 하고, 자신감을 잃게 합니다. 실패는 도전의 증거입니다. 도전을 했기 때문에 실패 또한 할 수 있는 것입니다. "괜찮아. 다음번에는 더 잘할 수 있을 거야." "실수는 했지만 너의 도전은 대단했어."처럼 아이의 실수나 실패를 따뜻하게 바라보며 격려해 주고 "실패를 통해 무엇을 배웠니?" "실수하지 않으려면 어떻게 해야 할까?"와 같이 질문을 통해 아이가 성장할 수 있도록 도와주는 것이 필요합니다. 도전하지 않으면 성공도 실패도 없습니다. 아이들이 실패를 두려워하지 않고 도전하고 시도하는 사람으로 성장할 수 있도록 교사의 따뜻한 격려가 필요합니다.

이처럼 칭찬과 격려는 많이 하는 것보다 어떻게 하느냐가 중요합니다. 아이들의 행동을 관찰하여 긍정적인 변화를 찾아 놓치지 않고 칭찬해 주고, 아이의 존재 자체를 특별하게 바라보며 칭찬할 때 아이들은 자존감이 높아지고, 주도성과 도전 정신을 키울 수 있습니다. 나아가 삶 속에서 긍정적인 태도로 살아갈 수 있습니다. 따라서 교사가 따뜻한 시선을 가지고 아이들의 작은 변화라도 찾아 좋은 칭찬과 격려를 해 준다면 아이들은 더욱 주도적으로 살아갈 수 있을 것이라 생각됩니다. "격려는 기적을 낳습니다. 격려는 언제나 우리를 일어서게 합니다. 격려하면 받는 사람의 기쁨이 크지만, 격려하는 사람에게도 기쁨이 남습니다." 이 말처럼 좋은 칭찬과 격려로 기쁨이 남는 교사가 되길 바랍니다.

교실에서 상처받지 않는 상황별 욕구 코칭 질문법

교실에서는 하루에도 수많은 갈등이 일어납니다. 또래 간의 갈등도 있지만, 떼를 쓰거나 고집을 피운다든지, 거짓말을 하는 등의 개인의 문제행동도 있습니다. 이런 모든 갈등과 문제행동을 교사가 해결하고 지도하는 것은 쉬운 일이 아닙니다. 자율성과 개별성이 강조되고 있는 놀이중심 교육과정을 운영하면서 규칙과 훈육의 한계를 결정하는 것도 교사에게는 어렵기만 합니다.

그러다 보니 자연스럽게 교사는 아이의 문제행동 결과만을 보고 판단할 때가 많습니다. 놀이 관찰도 하고, 놀이 지원도 해야 하고, 다른 아이들도 봐야 하니 아이들의 문제행동과 갈등을 최대한 빨리 해결하고 싶습니다. 지시, 명령, 판단, 상과 벌로 통제하는 방식이 바로 최대한 빠른 해결법입니다. 그러나 이러한 방법은 당장은 효과가 있어 보여도 오히려 문제행동을 심화시킬 수 있고, 부정적 자아 개념을 형성시킬 수 있습니다. 또, 장기적으로 보면 교육적 효과 또한 미비합니다. 이에 질문으로 아이의 욕구를 찾아 주고, 스스로 적절한 행동을 고민하며 자신의 행동을 수정하도록 돕는 욕구 코칭이 도움이 됩니다.

욕구 코칭은 기본적으로 모든 사람을 존귀한 존재로 여기며, 잘못된 방향이라도 자신의 욕구를 채우고 싶은 마음을 이해하는 데서 시작합니다. 교사는 다양한 질문을 통해 아이들의 욕구를 찾고, 그 욕구가 충족될 수 있도록 도우며, 최종적으로 아이가 자신의 행동을 스스로 조절할 수 있도록 지원하는 역할을 합니다.

일반적인 코칭의 기본 단계인 GROW 모델을 기초로 하여, 욕구코칭연구소 김현섭, 김성경 소장님이 제시한 욕구 코칭 6단계에 아이들의 문제 상황을 예시로 적용해 보도록 하겠습니다.

놀이 시간이 끝난 정리 시간이 되었습니다. 친구들이 정리하는데 주홍이는 계속해서 블록을 가지고 놀이합니다. 교사가 정리하라고 하자, 자리에서 일어나 교사 눈치를 보더니 교실 한쪽으로 가서 다시 놀이합니다. 중간중간 교사의 눈치를 보며 자리를 옮겨 계속해서 놀이하자 이를 본 지수가 교사에게 말했습니다.

"선생님, 주홍이 정리 안 해요."

교사도 여러 번 말했음에도 눈치를 보며 놀이하는 모습을 보니 주홍이에게 슬슬 화가 나기 시작했습니다.

1단계 욕구를 알아차리기(Perceiving)

① 아이의 행동이 왜 갈등을 야기시켰는지 먼저 생각해 봅니다.
- 정리 시간임을 안내했는데 아이가 이를 무시하고 놀이를 계속한다.

② 아이에 대한 교사의 감정과 욕구를 파악합니다.
- 나는 지금 어떤 감정이지? → 나는 지금 아이의 행동에 짜증이 난다. (자기 감정 알아차림)
- 내가 지금 어떤 욕구가 필요하지? → 나는 아이들이 놀이한 놀잇감을 정리 시간에 맞춰 정리하기를 바란다. (자기 욕구 알아차림)

③ 교사 행동에 대한 아이의 반응을 살피며 기본 욕구 5가지 중에서 추측해 봅니다.
- 주홍이는 블록 놀이를 계속하고 싶다. (즐거움의 욕구)
- 블록으로 만들던 것을 끝까지 완성하고 싶다. (힘의 욕구)
- 정리하기보다 자유롭게 놀이하고 싶다. (자유의 욕구)

- 지수는 주홍이가 정리 시간 규칙을 지키기를 바란다. (생존의 욕구)

2단계 욕구에 이름 붙이기(Naming)

① 아이의 행동에 욕구를 추측해서 질문합니다.
- 주홍아, 더 놀이하고 싶었던 거예요? (즐거움의 욕구)
- 지수야, 가지고 논 놀잇감을 친구들과 공평하게 정리를 하길 바랐던 거예요?
- 지수야, 주홍이가 정리 시간 규칙을 잘 지켰으면 좋겠어요?

② 아이의 욕구에 대한 부정적인 표현을 긍정적으로 바꿔 줍니다.
- 미워요. → 네 마음을 친구가 알아주었으면 좋겠어요?
- 정리하기 싫어요. → 놀이 시간이 좀 더 필요한 거예요?

3단계 격려하기(Encouraging)

① 아이의 단점을 긍정적으로 바꾸어 이야기해 줍니다.
- 주홍이가 친구들을 도와주면 더 빨리 정리가 끝날 수 있을 것 같아요.
- 지수야, 화내지 않고 웃으면서 이야기할 수 있을 것 같아요.

② 격려를 해 줍니다.

4단계 교사의 욕구 조절하고 나 전달법으로 말하기(Self-control)

① 아이와 부딪치는 욕구 중 조절하고 싶은 욕구를 찾아 조절해 봅니다.
- 부딪치는 교사의 욕구 → 생존의 욕구: 정리 시간 규칙을 지키지 않음.
- 아이의 욕구 → 즐거움의 욕구: 놀이하고 싶음.

② 나 전달법으로 말합니다.
- 주홍이가 정리를 마칠 때까지 기다려 줄게요.

5단계 아이의 욕구 채우기(Filling)

① 아이의 욕구(즐거움의 요구)를 채워 줍니다.

- 정리 안 된 곳 찾아 정리하기 게임하기
- 교사가 부르는 숫자만큼 정리하기, 초성에 맞는 물건이나 제시하는 글자 수에 맞는 장난감 정리하기(예: 세 글자 장난감 정리)
- 교실 정리하고 바깥놀이 나가기

6단계 욕구 갈등을 해결 가능한, 긍정적이고 공동체적인 방법 모색(Seeking)

① 긍정적이고 공동체가 함께 해결할 수 있는 방법을 찾아봅니다.
- 정리 시간 친구들과 함께 정리해야 하는 이유는?
- 다 함께 정리하면 좋은 점은?
- 더 놀이하고 싶은 경우 어떻게 하면 좋을까?

선생님에게 자꾸 고자질을 해요

❶ 아이들의 삶 들여다보기

1. 교실 속 상황 마주하기

　체육 교구를 가지고 놀이하는 중 남자아이 2명이 보조 다리처럼 만들어 위에 올라가 한 걸음씩 걸어가며 놀이하고 있었습니다. 그 모습을 보던 은우가 교사에게 와 "선생님, 친구들이 저 위에 올라갔어요." 하고 말했습니다. 평상시 은우는 자주 친구들의 놀이 모습을 지켜보다 친구가 잘못하면 교사에게 와서 고자질을 잘하는 아이입니다. 그러나 막상 자신은 하고 싶은 대로 행동할 때가 많습니다.

2. 욕구 분석하기

　분석 대상: 은우

　연령: 5세

욕구	분석 내용
생존의 욕구↑	• 친구들이 교실에서 약속을 잘 지켜야 한다고 생각한다. • 친구들이 안전하지 않은 것 같아 불안하다.
사랑과 소속의 욕구↑	• 친구들이 재미있어 보여, 함께 해 보고 싶은 마음이다.
자유의 욕구↑	• 남에게 간섭받는 것을 싫어한다.
상황에 따른 욕구 분석	• 친구들이 즐겁게 노는 모습을 보니 나도 마음대로 하고 싶고, 같이하고 싶지만 참고 있어 부럽고, 샘도 난다. • 약속을 잘 지켜야 하고, 위험해 보이니 마음이 불안하다.

236　아이 주도 질문 놀이

3. 욕구 코칭 질문으로 지도하기

- **1단계 욕구를 알아차리기: 교사의 욕구 알아차리기**
  - 아이들이 서로 배려하고 존중하며 놀이하면 좋겠다.
  - 교실 안 평화가 중요하다.

- **2단계 욕구에 이름 붙이기: 아이의 행동에 욕구를 추측해서 질문하기**

교사	혹시 친구들이 은우를 불편하게 했나요?
은우	아니요.
교사	혹시 은우가 친구들 놀이를 보며 마음 불편한 것이 있나요?
은우	네. 친구들이 위험하게 놀아요.
교사	은우는 친구들이 다칠까 봐 걱정이 되었구나. 안전하게 놀이하길 바라나요?
은우	네. 걱정돼요.

- **3단계 격려하기: 아이의 단점 긍정적으로 말해 주기**

교사	선생님이 아닌 친구들에게 직접 은우의 마음을 이야기해 주면 좋을 것 같아요. 뭐라고 말해 주면 좋을까요?
은우	안전하게 놀이하라고요.
교사	은우가 친구들에게 직접 이야기해 주면 친구들이 조금 더 안전하게 놀이할 수 있을 것 같아요. 친절하게 말해 준다면 친구들이 더 고마워할 거예요.

- **4단계 교사의 욕구 조절하고 나 전달법으로 말하기**

교사	은우가 친구들에게 가서 "위험해 보이니까 안전하게 놀아." 하고 이야기해 볼까요? 은우가 친구들에게 이야기하는 것을 선생님이 지켜봐 줄게요.

- **5단계 아이의 욕구 채우기**

교사	은우가 이야기해 줘서 친구들이 조심스럽게 놀이하는 것 같아요. 안전하게 놀이하는 모습을 보니 안심이 되나요?
은우	네.

- **6단계 욕구 갈등을 해결 가능한, 긍정적이고 공동체적인 방법 모색**

교사	그런데 선생님이 아닌 친구에게 직접 이야기해 줘야 하는 이유가 뭘까요?
은우	친구가 그래야 잘 알아요.
교사	맞아요. 친구에게 이야기해 줘야 친구들이 알 수 있어요. 다음번에는 친구들에게 직접 이야기해 줄 수 있나요? 그런데 친절하게 말하는 것을 잊으면 안 돼요. 기억할 수 있겠어요?
은우	네.

조심히 걸어가요.

❷ 질문 코칭을 통한 배움~성찰

고자질하는 아이는 단순히 다른 사람의 잘못을 지적하여 관심을 받기보다, 내면에 다양한 욕구가 있습니다. 먼저 어른에게 자신의 존재를 인정받고 싶은 욕구가 강한 경우입니다. 특히 친구들 사이에서 소외당하거나 소속되지 못할 경우 고자질이 심해지는데, 이때 '나는 하고 싶은 것을 참고 규칙을 지키고 있다.' 라는 사실을 인정받고 싶은 욕구가 내재되어 있습니다. 사소한 것이라도 계속해서 고자질하는 경우는 관심받고 싶은 경우가 많고, 또 생존의 욕구가 강한 아이는 규칙을 지키지 않는 친구들의 모습 자체가 불편합니다. 친구와의 갈등을 해결하는 사회적 기술이 부족할 수도 있고, 친구와의 경쟁, 질투심에서 다른 사람의 단점을 부각시키려는 의도도 있습니다. 고자질하는 행동은 같지만 그 숨은 욕구를 찾아 공감해 주고, 문제해결 방법을 제시해 주면서 고자질이 아닌 다른 대안으로 해결할 수 있도록 도와줘야 합니다.

> **질문으로 사유하는 교사~되기**
>
> 교사가 아이의 문제행동만을 바라본다면 그 아이는 어떻게 성장할까요?

내 마음대로 할 거예요

❶ 아이들의 삶 들여다보기

1. 교실 속 상황 마주하기

　친구들이 바깥놀이를 신나게 하고 있었습니다. 점심시간이 다가와 교사는 정리를 하고 교실로 가자고 안내를 하였습니다. 도현이가 교사의 이야기를 듣고 "조금 더 놀고 싶어요." 하고 이야기했습니다. 교사가 점심시간이라 안 된다고 이야기하자, 도현이는 "힝~" 하며 교사에게서 멀리 도망가 버렸습니다. 교사가 다가가 같이 가자고 손을 내밀자 꿈쩍도 안 하고 몸을 버티며 떼를 쓰기까지 합니다. 도현이는 평소에도 맨 앞에 줄을 서고 싶은 마음에 친구들과 갈등이 많고, 자신이 원하는 대로 되지 않으면 고집을 부리거나 소리를 지르며 우는 행동을 자주 하는 아이입니다.

2. 욕구 분석하기

　분석 대상: 도현

　연령: 4세

욕구	분석 내용
힘의 욕구↑	• 자신이 원하는 것을 성취하고 싶은 마음이 크고, 원하는 걸 포기하는 상황을 못 견뎌한다. • 자신의 의사 표현이 분명하고, 다른 사람의 눈치를 보지 않는다. • 규칙, 교사의 지시 등을 따르기보다 고집을 피워서라도 이기고 싶어 한다.
자유의 욕구↑	• 규칙을 지키고, 구속받고 통제 받는 것이 싫다. • 친구가 없어도 혼자서도 잘 놀 수 있다.

즐거움의 욕구↑	• 호기심이 많고, 노는 것이 즐겁다.
상황에 따른 욕구 분석	• 바깥놀이를 더 하고 싶어 도망가 혼자서라도 놀이하려는 모습에서 즐거움과 힘, 자유의 욕구가 강한 것을 알 수 있다. • 평상시 규칙을 무시하고 버티거나, 고집을 부려서라도 자신이 원하는 것을 성취하려는 것은 자유와 힘의 욕구가 함께 강하기 때문이다.

3. 욕구 코칭 질문으로 지도하기

• 1단계 욕구를 알아차리기: 교사의 욕구 알아차리기

- 우리 반 배식 시간에 늦지 않게 아이들을 급식실로 데리고 가고 싶다.
- 질서와 급식 시간 규칙이 중요하다.
- 떼를 쓰며 제멋대로 행동하는 아이가 규칙을 지키며 공동체 생활을 잘했으면 좋겠다.

• 2단계 욕구에 이름 붙이기: 아이의 행동에 욕구를 추측해서 질문하기

교사	바깥놀이가 재미있어 더 놀고 싶었던 건가요?
도현	네.
교사	도망을 가거나 고집을 부릴 만큼 바깥놀이를 하고 싶은 건가요?
도현	네. 많이 놀고 싶어요.

• 3단계 격려하기: 아이의 단점 긍정적으로 말해 주기

교사	도현이는 자신이 하고 싶은 것을 잘 이야기하는 것 같아요.

- **4단계 교사의 욕구 조절하고 나 전달법으로 말하기**

교사	그런데 선생님은 지금 우리 반 급식 시간에 늦지 않게 친구들을 데리고 가야 해요. 왜냐면 그것은 우리 반뿐만이 아니라 우리 유치원 전체가 약속한 시간이거든요. 선생님은 그 약속을 지키고, 친구들이 배고프지 않게 해 주고 싶어요.

- **5단계 아이의 욕구 채우기**

교사	선생님이 다음에는 도현이가 좀 더 놀이할 수 있도록 시간을 계획해 볼게요.

- **6단계 욕구 갈등을 해결 가능한, 긍정적이고 공동체적인 방법 모색**

교사	지금 도현이가 도망가고 고집을 부리는 행동이 놀이하는 데 도움이 되는 것 같나요?
도현	(시무룩한 표정으로 고개를 젓는다.)
교사	지금 친구들이 점심을 먹으러 가려고 준비하고 있는데 어떻게 하면 좋을까요? 친구들도 늦지 않게 밥을 먹고, 선생님은 우리 반 급식 시간을 지키고, 도현이가 놀이할 수 있는 방법은 무엇일까요?
도현	(곰곰이 생각하다가) 밥 먹고 놀이해도 돼요?
교사	그럼, 밥 먹고 놀이할까요?
도현	네. 밥 먹고 놀이할게요.

❷ 질문 코칭을 통한 배움~성찰

무조건 자기가 일등을 해야 하고, 하고 싶은 것에는 고집을 부리고, 떼를 쓰더라도 원하는 것을 성취하기 위해 행동하는 욕구 갈급형 아이들이 있습니다. 이런 아이들을 보면 '고집을 꺾어 놔야지.'라는 생각을 하지만, 사실 고집을 꺾을 수는 있어도 욕구는 충족되지 않습니다. 충족되지 않은 욕구는 반드시 다른 방법으로 더 강하게 채우려는 것이 인간의 본능입니다. 이런 유형의 아이들을 대하는 교사의 마음은 피곤하고, 짜증 나고, 힘이 듭니다. 하지만 힘의 욕구가 높은 아이들일수록 교사가 힘으로 꺾기보다는 아이의 욕구를 묻고 인정해 주는 것이 필요합니다. 아이의 욕구를 인정해 주고, 질문을 통하여 스스로 선택하고, 자신의 행동을 돌아보며 조절하는 경험이 쌓여 갈수록 아이의 행동이 변화함을 알 수 있을 것입니다.

> **질문으로 사유하는 교사~되기**
>
> 교사가 아이에게 줄 수 있는 가장 큰 선물은 무엇일까요?

자꾸 울면서 유치원에 와요

❶ 아이들의 삶 들여다보기

1. 교실 속 상황 마주하기

지윤이는 매일 똑같은 옷을 입고 유치원에 오며, 아침에 울고 올 때가 많습니다. 그런데 교실에 들어가서는 아무렇지도 않은 듯 친구들과 웃으며 놀이를 잘합니다. 평상시 지윤이는 친구들에게 양보도 잘하고, 친절하게 말하여 친구들에게 인기가 많습니다. 그러나 집에 가서는 친구들 때문에 유치원이 힘들다며 밤마다 운다고 합니다. 어느 날 아침 울면서 온 지윤이에게 힘든 이유를 묻자 눈물이 나는 것이 싫어 운다고 답했습니다. 후에 어머님이 전화 상담으로 친구가 "너는 왜 매일 같은 옷을 입어?"라고 질문했는데 또 물어볼까 봐 걱정을 하며, 유치원에 가기 싫다고 했답니다.

2. 욕구 분석하기

분석 대상: 지윤

연령: 5세

욕구	분석 내용
생존의 욕구↑	• 매일 같은 옷을 입고 다니는 모습에서 변화를 싫어하고, 자신만의 규칙이 있다. • 예상하지 못한 질문에 대해 불안과 걱정이 많다.
사랑과 소속의 욕구↑	• 친구들에게 양보도 잘하고, 친절하게 말한다. • 마음의 불편함이 있지만 친구들 간의 관계를 위해 말을 하지 못하고, 집에 가서 엄마에게 이야기하며 눈물을 흘린다.
자유의 욕구↑	• 자신이 원하는 대로 옷을 입고 싶고, 친구가 세심한 관심을 갖는 것이 부담스럽고 싫다.

즐거움의 욕구↑	• 친구들과 놀이하며 잘 웃고, 미술 만들기와 역할놀이 등을 즐겁게 참여한다.
상황에 따른 욕구 분석	• 매일 같은 옷을 입고 다니는 모습과 친구가 또 질문할까 봐 걱정하는 모습에서 변화를 싫어하고, 자신만의 규칙과 심리적 안정 거리를 유지하고 싶어 하는 것을 알 수 있다. • 예상하지 못한 질문에 대해 불안과 스트레스를 느끼는 모습은 예측 가능함이 중요하다는 뜻이다. • 친구들과의 관계를 유지하고 싶어 하지만 세심한 관심은 부담스럽고, 갈등이 생길까 직접 말을 못하는 등 내적 갈등이 많다.

3. 욕구코칭 질문으로 지도하기

- **1단계 욕구를 알아차리기: 교사의 욕구 알아차리기**
  - 지윤이가 유치원에 울지 않고 와서 아이들과 조화롭게 놀이하고, 자신의 생각과 불편함을 교사에게 전달해서 예측 가능하면 좋겠다.
  - 유치원에서는 신나게 놀이한 후 집에 가서는 너무 힘들었다고 이야기하니, 아이의 마음과 행동을 이해하는 것이 어렵다. 가정과의 연계가 중요하다.

- **2단계 욕구에 이름 붙이기: 아이의 행동에 욕구를 추측해서 질문하기**

교사	혹시 마음이 불안하거나 걱정되는 것이 있나요?
지윤	네.
교사	어떤 것이 걱정되나요?
지윤	친구들이 왜 또 같은 옷을 입고 왔냐고 물어볼까 걱정돼요.
교사	혹시 친구들이 물어봤을 때 이유를 잘 설명해 주고 싶은데, 잘 설명하지 못할까 봐 걱정되는 걸까요?
지윤	네. 뭐라고 말해야 할지 모르겠어요.

- **3단계 격려하기: 아이의 단점 긍정적으로 말해 주기**

교사	선생님은 지윤이가 친구들이 질문했을 때 친구들이 잘 이해할 수 있도록 자세하고 친절하게 말하고 싶은 것 같아요. 맞나요?
지윤	네. 맞아요.
교사	친구들에게 친절하고 자세히 말하는 법을 좀 더 알고 싶고, 연습해 보고 싶나요?
지윤	네.

- **4단계 교사의 욕구 조절하고 나 전달법으로 말하기**

교사	선생님은 지윤이가 친구들에게 친절하고 자세히 말하기를 선생님과 함께 연습해 보면 좋을 것 같아요.

- **5단계 아이의 욕구 채우기**

교사	친구들이 지윤이에게 질문했는데 어떻게 대답해야 할지 잘 모르겠을 때는 선생님에게 와서 물어보면 선생님이 도와줄 수 있어요. 지금 선생님에게 편하게 이야기해 줄 수 있어요? 지윤이는 왜 똑같은 옷을 입어요? 혹시 똑같은 옷을 입는 것이 편한가요?
지윤	네. 같은 옷 입는 게 편해요.

- **6단계 욕구 갈등을 해결 가능한, 긍정적이고 공동체적인 방법 모색**

교사	지금 선생님이 곁에 있을 테니까 친구에게 직접 한번 이야기해 볼래요? 선생님과 함께 하고 싶은 말을 간단히 생각해 봐요.

	친구야, 지윤이가 말 못 한 이야기가 있대요. 들어줄 수 있어요?
친구	네.
지윤	매일 똑같은 옷을 입는 이유는 같은 옷을 입으면 편해서 그래.
친구	아, 그래? 골라 입지 않아도 되니 편하겠다.

❷ 질문 코칭을 통한 배움~성찰

 다양한 욕구가 높은 아이들은 자신의 욕구 사이에서 갈등이 일어나 예민한 성향일 수밖에 없습니다. 친구와 사이좋게 놀이하며 우정을 쌓고 싶지만, 자신에 대한 지나친 관심은 싫고, 불편하고 싫지만 친구와의 관계 때문에 말을 하지 못하는 등 내면에서 욕구 갈등이 많습니다. 이런 아이들일수록 교사가 다양한 욕구와 감정을 이해하고 공감해 주며 심리적으로 안전한 소통 관계를 맺는 것이 중요합니다. 또한, 예민한 욕구를 긍정적으로 이야기해 주고, 자신의 생각과 마음을 표현할 수 있는 기회를 많이 주어 힘의 욕구를 높이는 것이 좋습니다. 교사는 아이가 자신의 욕구를 스스로 충족시키는 경험을 통해 자신의 욕구를 조절할 수 있도록 도와줘야 합니다.

> **질문으로 사유하는 교사~되기**
>
> 우는 아이에게 "괜찮아, 울지 마" 하고 달래 주면 아이는 정말 괜찮아질까요? 선생님이 진짜 위로받은 적은 언제인가요? 진짜 위로란 무엇이라고 생각하나요?

선생님, 저는 못해요

❶ 아이들의 삶 들여다보기

1. 교실 속 상황 마주하기

효진이는 무엇을 하든 "나는 못해요." 하며 눈물을 글썽거립니다. 교사에게 늘 도움받기를 원하고, 혼자서 해 보도록 권유하면 아무것도 하지 않은 채 울기만 합니다. 또, 친구들과 놀이하기보다는 시선이 항상 교사를 향해 있습니다. 자신이 하고 싶은 놀잇감을 가지고 와 누군가 같이 놀이하자고 하거나 관심을 보일 때까지 손에 들고 서 있습니다. 어느 날 교사와 친구들과 함께 보드게임을 하던 중 교사가 자리를 뜨자, 효진이는 이내 놀이하던 것을 멈추고 교사에게 왔습니다. 교사가 선생님 없어도 친구들과 같이 해 보라고 하자 이내 눈물을 흘립니다.

2. 욕구 분석하기

분석 대상: 효진

연령: 3세

욕구	분석 내용
사랑과 소속의 욕구↑	• 교사와의 친밀함을 원하고, 혼자서 해 보라고 하면 서운함을 느낀다. • 친구들과 놀이하고 싶은데, 누군가 먼저 손을 내밀어 주길 원한다.
자유의 욕구↓	• 혼자 떨어져 있는 것이 어렵다. • 교사에게 의존한다.

생존의 욕구↓	• 기본적인 생활 기술(가위질하기, 그리기, 옷 입기, 놀이하기 등)이 부족하고, 새로운 것을 배우고 익히는 데 두려움이 있어 누군가 해결해 주길 바란다.
상황에 따른 욕구 분석	• 교사에게 늘 시선이 머물고 함께하고 싶어 하고, 교사에게 도움받지 못하거나, 교사가 다른 친구에게 관심을 가지면 강한 서운함을 느낀다. 한편으로 친구들하고도 놀이하고 싶어 한다. • 혼자 떨어져 있는 것이 어렵고, 기본적인 생활 기술이 부족하여 교사와 친구들에게 의존하며 해결해 주길 바란다.

3. 욕구 코칭 질문으로 지도하기

- **1단계 욕구를 알아차리기: 교사의 욕구 알아차리기**
  - 효진이가 스스로 자신의 일을 계획하고 실천하며 독립하길 바란다.
  - 효진이 외에 다른 친구들도 형평성 있게 관심을 가지고 함께 놀이하며 지도하고 싶다.

- **2단계 욕구에 이름 붙이기: 아이의 행동에 욕구를 추측해서 질문하기**

교사	효진아, 선생님과 함께 놀이하고 싶었어요?
효진	네.
교사	선생님과 함께 계속 연결되어 있길 바라요?
효진	네. 선생님이 옆에 있었으면 좋겠어요.
교사	선생님이 옆에 없으면 혹시 마음이 불안해요?
효진	네.
교사	그렇구나. 왜 불안할까요?
효진	제가 못할 때 도와줄 사람이 없어요.
교사	그럼 혹시 친구한테도 도움을 청해 봤어요?
효진	아니오. 선생님이 좋아요.

• 3단계 격려하기: 아이의 단점 긍정적으로 말해 주기

교사	선생님을 좋아해 줘서 고마워요. 효진이에게 그런 이야기 들으니 행복하네. 선생님 생각에는 효진이가 무엇이든 혼자 잘하고 싶은 것 같아요. 맞나요?
효진	네, 맞아요.
교사	잘하고 싶은 마음은 아주 좋은 마음이에요.

• 4단계 교사의 욕구 조절하고 나 전달법으로 말하기

교사	그런데 선생님하고 효진이는 눈에는 보이지 않지만 마음으로 연결되어 있어요. 그래서 효진이랑 떨어져 있어도 선생님은 효진이를 늘 사랑하고, 효진이가 도움을 요청할 때 선생님이 와서 도와줄 수 있어요. 그리고 선생님은 효진이가 스스로 잘할 수 있도록 도와주고 싶어요. 선생님은 다른 친구들도 효진이와 공평하게 함께 놀이하고 도와주고 싶어요. 선생님은 공평하게 모두를 사랑해 주는 것이 중요하거든요.

• 5단계 아이의 욕구 채우기

교사	선생님은 효진이가 혼자서 잘할 수 있도록 도와주고 싶어요. 선생님은 몸은 떨어져 있어도 항상 지켜보고 기다려 줄 거예요. 진짜 사랑하는 사람은 곁에서 늘 도와주는 사람이 아니라, 효진이가 혼자서 무엇이든 잘할 수 있도록 기다려 주고 지켜봐 주는 사람이에요.
효진	네.

• 6단계 욕구 갈등을 해결 가능한, 긍정적이고 공동체적인 방법 모색

교사	그러면 효진이가 혼자서 해볼 수 있는 것은 무엇이 있을까요? 선생님이 떨어져 있지만 마음속으로 응원하고 지켜보고 있을게요.
효진	그림 그리기 해 볼게요.
교사	좋아요. 실수해도 괜찮아요. 무엇이든지 그려 보는 거예요. 다 그린 다음에 선생님에게 가지고 와서 보여 주세요.
효진	네.
교사	(효진이는 혼자서 그림을 그려 왔다.) 혼자서 그림을 그리는 것이 쉽지 않았을 텐데, 잘 이겨냈어요. 아주 대견하고 멋져요!

❷ 질문 코칭을 통한 배움~성찰

의존적인 아이들은 당연히 도움을 받아야 하고, 도움을 주지 않으면 자신을 거부한다고 인식하여 서운해 합니다. 모든 것을 다 해 주면서 과잉보호하는 부모의 자녀들이 의존적인 경우가 많습니다. 이런 아이들은 도움을 받아야 사랑받는다고 인식하는 경우가 많아 교사가 먼저 아이와 신뢰를 쌓고 마음으로 연결되는 것이 중요합니다. 라포가 형성되면 아이가 스스로 할 수 있는 것을 알려 주고, 지켜봐 주는 것도 사랑이라고 인식이 전환될 수 있도록 도와줘야 합니다. 또한, 스스로 할 수 있도록 옷 입고 벗기, 가위질하기 등 다양한 생활 기술을 가르쳐 주고, 혼자서 끝까지 완성하여 성취감을 얻을 수 있도록 격려해야 합니다. 물론 쉽게 개선되지는 않지만 가정과 연계하여 꾸준히 지도한다면 많은 변화가 있을 거라 기대합니다.

질문으로 사유하는 교사~되기

실패란 어떤 의미가 있을까요? 아이들에게 실패에 대해 선생님만의 언어로 설명한다면 어떻게 설명할 수 있을까요?

7장

교육 경험을 잇다:
질문으로 연결하기

유초이음 슬기로운 초등생활

아이들의 건강한 성장과 발달을 위해서는 영아와 유아기, 유아기와 초등학교 저학년의 배움이 통합적·연속적으로 설계되고 교육과정이 실행되어야 합니다. 특히 유치원과 초등학교는 교육 환경과 교육과정의 차이가 크므로 아이들이 학교생활에 잘 적응하기 위해서는 두 교육기관의 연계는 꼭 필요합니다. 유초이음은 아이의 지속적인 발달을 촉진하며, 발달 수준에 맞는 경험을 제공할 수 있어 교육의 효과를 극대화시킵니다. 초등학교 2022 개정 교육과정에서는 단순히 암기나 지식의 습득이 아닌, 핵심 개념을 자신의 삶과 연결하여 주도적으로 탐구하고 사고하는 '깊이 있는 학습'이 강조되었습니다. 이에 학생들의 자기 주도적 탐구 능력과 문제해결 능력, 비판적 사고, 창의성 등을 향상시키기 위한 방법으로 질문 수업이 중요하게 부각되었습니다.

유아기의 질문 놀이는 초등학교의 탐구 질문 수업과 지향점이 같습니다. 최근 초등 저학년에서 놀이중심 수업 및 탐구 기반 활동을 강조하며, 질문 놀이가 초등 개정 교육과정과 유기적으로 연계되었습니다. 이에 질문 놀이를 통해 자연스럽게 유초이음 효과를 기대할 수 있으며, 아이들의 전인적 성장, 미래 핵심역량 함양, 학교 적응력 증진을 지원합니다.

❶ 아이들의 놀이 만나기

유치원 졸업이 다가오는 12월, 아이들은 교사와 친구들과 헤어지기 싫은 것도 있지만, 초등학교라는 새로운 기관에 적응해야 한다는 점과 본격적인 학습이 부담스럽기만 합니다. "너희들은 이제 초등학교에 가야 하는데 이렇게 해서 되겠어?" "초등학교 선생님이 얼마나 무서운 줄 알아?" "이제 초등학교 가면 받아쓰기도 하고, 수학도 해야 해." 등 은연중에 교사와 부모에게 듣는 반협박 멘트는 초등학교를 더욱 두려운 곳으로 만들기만 합니다. 우리 아이들의 적응을 위해 초등학교 선생님께 도움을 요청해 보았습니다.

❷ 질문 놀이 연결하기 : 초등학교 1학년이 궁금해요

1. 초등학교 생활에 대해 궁금한 질문을 모아 보았다.

교사	1학년 형님들에게 궁금한 점은 무엇인가요?
유아 1	초등학교 선생님은 진짜 무서운지 알고 싶어요.
유아 2	한글을 모두 알고 가야 하나요?

2. 질문을 모아 질문 책을 만들어 1학년 교실 형님들에게 전해 주었다.

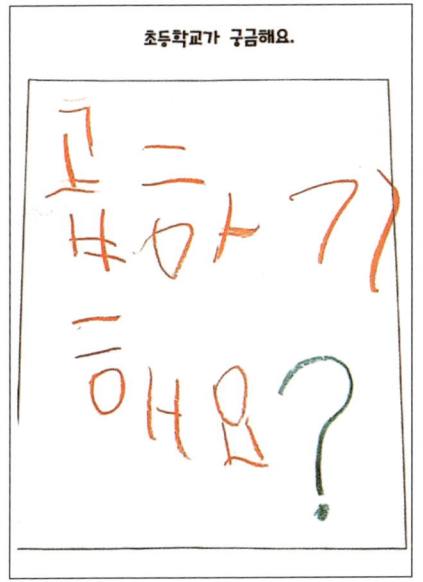
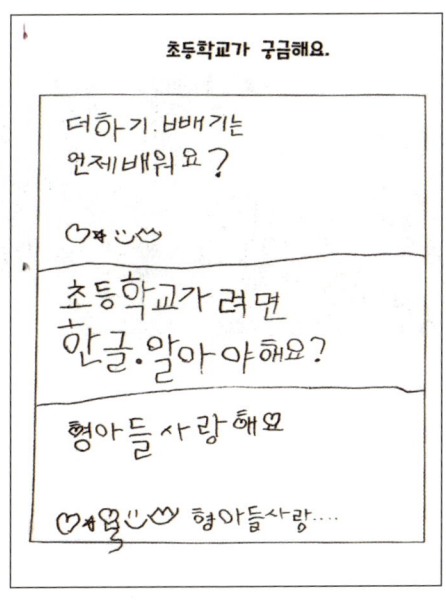

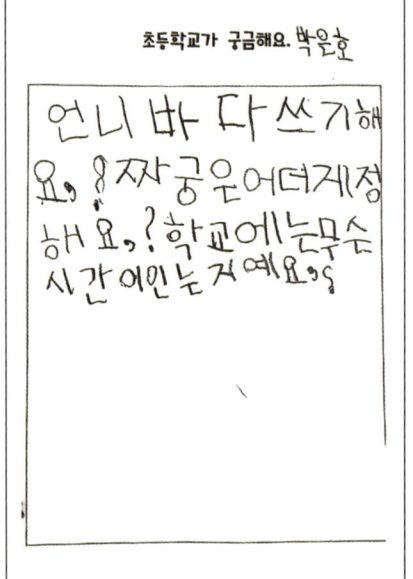
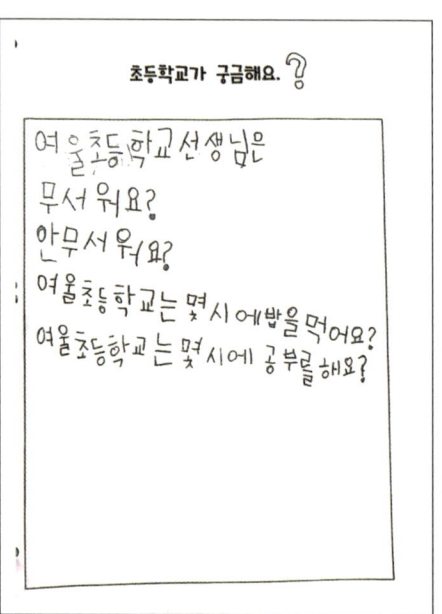

3. 다음 날 시청각실에서 형님들과 함께 만나 동생들의 질문에 1학년이 대답을 해주는 인터뷰 시간을 가졌다.

4. 이후, 1학년 형님들이 질문에 대한 답변을 서면으로 자세하게 작성하여 선물로 주었다.

형님들과의 대면 인터뷰

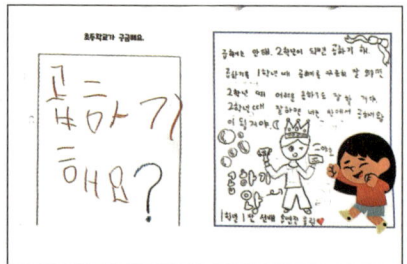
형님들과의 서면 인터뷰

❸ 질문 놀이 펼치기: 초등학교 수업이 궁금해요

유치원 아이들이 궁금해 하는 질문을 모아, 1학년 교사와 사전에 협의하여 1학년 교실 참관 계획을 세웠습니다.

1. 1학년 교실과 유치원 교실에 대하여 이야기를 나누었다.

교사	1학년 교실과 유치원 교실은 어떤 차이가 있을까요?
아이 1	1학년 교실에는 책상이 많아요. 책상에 앉아서 공부를 해요.
아이 2	칠판이 있어요.
교사	1학년 교실에 가는데, 궁금한 점은 무엇인가요?
아이 3	공부하는 책이 궁금해요.
아이 4	책상에 앉아 수업하는 게 어떤 느낌인지 궁금해요.

2. 1학년 교실에 가서 형님들과 짝을 지어 함께 이야기를 나누었다.

① 형님들이 동생들과 짝을 지어 자신의 자리에 앉도록 도와주었다.

② 책상 서랍에서 책을 꺼내서 과목별로 교과서를 소개했다.

③ 동생들이 궁금한 알림장 쓰기, 수업 시간 등에 대해 설명해 주었다.

3. 1학년 선생님과 함께 초등 맛보기 수업을 해 보았다.

① 1학년 형님들이 선생님과 했던 첫 수업을 해 보았다.

② 〈모두가 꽃이야〉 노래에 맞춰 율동을 해 보았다.

③ 노래가 익숙해지면 2배속 부르기, 4배속 부르기로 빠르기를 조절하여 노래를 불러 보았다.

④ 선생님에게 궁금한 점을 질문하는 시간을 가졌다.

⑤ 수업을 마친 후 소감을 이야기 나누었다.

1학년 형님과의 짝 대화. 교과서를 소개해요.   자리에 앉아 선생님과 맛보기 수업을 해요.

❹ 질문 놀이를 통한 배움~성찰

무서운 선생님과 공부만 해야 하는 곳, 받아쓰기로 점수를 매기며 공부 잘하는 아이와 공부 못하는 아이로 구분 짓는 곳 등 아이들이 소문으로 들었던 초등학교는 그저 두려운 곳이었습니다. 그러나 형님들에게 궁금한 내용을 질문하고, 대답을 듣는 과정에서 두려움은 기대로 바뀌기 시작했습니다. 말로만 듣던 무서운 1학년 선생님을 실제로 만나 보니 궁금한 것을 자세히 설명해 주고, 재미난 것을 가르쳐 주는 선생님이었습니다. 설렘과 두려움은 사실 한 끗 차이입니다. 두렵고 불안한 이유는 내용과 의미를 정확히 모르기 때문입니다. 궁금한 점을 질문하여 내용과 의미를 정확하게 파악하는 것만으로도 큰 두려움은 사라집니다.

> **질문으로 사유하는 교사~되기**
>
> 초등학생이 되는 아이들의 마음속에는 불안과 두려움이 많습니다. 설렘과 기쁨으로 입학할 수 있게 교사가 도와주는 방법은 무엇일까요?

만족도 200% 함께 즐기는 질문 놀이
: 학부모 공개수업 편

    학부모 공개수업이 다가오면 교사들의 고민이 깊어집니다. 수업의 주제를 무엇으로 정할까? 수업 방식은 어떻게 할까? 아이들도 학부모도 함께 즐거운 수업은 없을까? 어떤 수업을 공개해야 학부모가 만족할 수 있을까? 다양한 고민을 합니다.

    학부모 공개수업은 학부모가 자녀의 유치원 또는 어린이집 생활을 직접 보며, 자녀의 관심도, 생활 태도, 또래 관계 등을 이해할 수 있는 기회를 제공합니다. 부담스러울 수 있지만 교사의 교육 방침, 교육 방법, 유치원에서의 배움 활동 등을 학부모에게 이해시키는 중요한 기회가 되기도 합니다. 학부모 공개수업은 아이들의 기관 생활을 직접 보고 이해하는 과정에서 교사와 학부모 간 신뢰도 형성에도 도움이 됩니다.

    최근 놀이중심 교육과정을 운영하면서 학부모 공개수업의 방식도 점차 다양해지고 있습니다. 교사의 수업을 참관하는 참관형, 학부모와 자녀가 함께 활동하는 참여형, 놀이 시간 아이들의 놀이를 관찰하는 관찰형, 온라인 수업을 보는 시청형 등 다양합니다. 자세히 살펴보면 다음과 같습니다.

학부모 공개수업의 방식

	참관형	참여형	관찰형	시청형
방식	학부모가 유치원에 방문해 교사와 아이들의 수업을 직접 관찰하는 방법	학부모가 유치원 수업의 주체가 되어 아이와 함께 수업 활동에 참여하는 방법	학부모가 직접 놀이 시간 아이들의 자유 놀이를 관찰하는 방법	수업을 줌, 동영상 등 비대면으로 집에서 시청하는 방법
장점	교사의 수업 진행 방식, 아이들의 수업 참여도, 수업 분위기, 교실 환경 등을 직접 볼 수 있음.	자녀와 함께 수업의 주체로서 함께 참여하며 자녀와의 공감대 및 친밀감 형성함.	자녀의 놀이를 직접 관찰하면서 자녀의 놀이 방식, 선호하는 놀이, 또래 관계 등을 직접 관찰할 수 있음.	시간과 장소의 구애를 받지 않고 학부모가 상황에 따라 참여할 수 있음.
단점	교사와 아이들의 부담감이 크고, 아이들의 돌발행동이 있을 수 있음.	부모가 참여하지 않는 아이들이 느끼는 서운함과 이에 대한 대책이 필요함.	놀이의 의미를 파악하는 데 학부모의 미숙함으로 오해하는 경우가 생길 수 있음.	아이들의 전체 교실 상황이나 모습을 볼 수 없고, 움직이는 활동 시 화면 촬영에 대한 어려움이 생김.
준비 및 유의점	교실 환경, 수업 진행 방식, 자리 배열(유아, 학부모) 등 세부적인 계획 필요함.	시간이 많이 소요되므로 사전에 준비물 배분, 수업 자료 배부 등에 대한 세부적인 계획이 필요함.	놀이 관찰 시 유의할 점, 주요 관찰 내용 등을 사전에 안내함.	사전에 모든 아이가 화면에 나올 수 있도록 점검 및 촬영 협조.

공개수업의 유형 중 공개 방식을 결정한 후에는 몇 가지 사항을 고려하여 수업 계획을 세웁니다. 이때 아이들의 경우 학부모와 함께 참여하는 참여형으로 구성하는 경우가 대부분입니다. 참여형 수업으로 미술 활동, 게임 활동, 요리 활동 등 형태가 다양한데, 그중 질문 놀이는 그 자체로 의미가 깊습니다.

첫째, 부모와 자녀 간의 유대감이 형성됩니다. 질문 놀이는 부모와 자녀 간 서로 질문하고, 생각과 의견을 나누며 경청하고, 서로의 의견을 존중해 주는 과정에서 친밀감과 유대감이 깊어집니다.

둘째, 기존의 수업 주제와 자연스럽게 연결되어 질문을 통해 생각을 나누고, 주제를 확장해 나가는 과정에서 아이들은 수업을 주도적으로 이끌어 갑니다. 부모 또한 학습의 주체로 함께 참여할 수 있어, 단순히 수업을 참관하는 것 이상의 다양한 의미가 있는 시간이 될 수 있습니다.

셋째, 질문 놀이는 단순히 수업 방식을 넘어, 질문하는 문화를 만들어 가는 과정입니다. 이에 학부모와 자녀가 함께 질문하고 대화하는 경험은 가정과 연계하여 실천할 수 있는 방향을 제시합니다. 또한 교육기관과 가정이 연계하여 질문하는 문화를 조성해 가는 데 도움이 됩니다.

부모 참여 수업에서의 질문 놀이

부모 참여 수업에서의 질문 놀이는 다양하게 계획하여 운영할 수 있습니다. 그중 부모와 자녀가 짝이 되어 서로 질문하며 이야기를 나누는 형태가 가장 좋습니다. 그림책 관련 활동, 요리 활동, 미술 활동, 주제 이야기 나누기 등 다양한 활동과 연계하여 할 수 있습니다. 이를 위해서는 사전에 몇 가지 준비 사항이 필요합니다.

1. 사전에 아이들과 함께 궁금한 점을 모아 질문 목록을 작성한다.
2. 부모님과 함께 나누고 싶은 질문의 우선순위를 정한다(거수, 스티커 붙이기 등).
3. 다음의 내용이 담긴 수업용 PPT를 준비한다.
   - 질문 대화 방법: 순서를 정해 한 사람씩 질문하고, 생각을 이야기하기
   - 경청의 방법 : 말하는 사람의 눈을 맞추고 적절한 반응하기
   - 반영: 상대방의 이야기를 듣고 정리해서 질문해 주기
   - 꼬리 질문: 이야기를 듣고 생각나는 질문을 해 주기
   - 무조건 존중: 아이의 어떤 이야기도 긍정적으로 반응해 주기

학부모 공개수업 예시

버섯 숲을 꾸며요

1. 활동 선정 이유

산책 활동에서 발견한 버섯을 보고 아이들이 흥미가 생겼습니다. 독버섯과 먹을 수 있는 버섯에 대한 궁금증이 생기면서 교실에서 다양한 버섯을 키우며 관찰하였습니다. 키운 버섯을 가정으로 보내 부모님과 직접 요리해서 먹어 보기도 하고, 버섯을 오감으로 탐색하며 놀이도 해 보았습니다. 다양한 궁금증을 모아 함께 알아보던 중, 숲에서 버섯의 역할에 대해 알아보기 위하여 선정하였습니다.

2. 공개수업안

날짜	○월 ○일	놀이 주제	버섯
대상	○세	일일 주제(활동명)	버섯 숲을 꾸며요.
활동 목표	1. 버섯이 숲의 청소부 역할을 하는 것을 안다. 2. 다양한 재료를 이용하여 즐겁게 버섯 숲을 꾸민다. 3. 궁금한 것을 질문하고 자신의 생각, 경험, 느낌을 말할 수 있다.		
수업 자료	그림 카드, 다양한 모양의 과자, 도마, 비닐 등 다양한 꾸미기 재료		
단계	교수·학습 과정		자료(㉳) 및 유의점(◆)
도입 (5') 대집단 활동	• **융판 동화를 들으며 흥미를 유발한다.** 아주 작고 작은 홀씨 하나가 바람에 날아왔어요. "어? 나는 지금 어디로 가는 거지?" 홀씨는 바람을 타고 강을 건너, 사람들을 지나 숲속 예쁜 꽃 옆에 자리를 잡았어요. "우와, 예쁘다. 저 꽃 옆에 자리를 잡아야겠다." 홀씨는 꽃 옆에 자리를 잡았어요. "나도 저렇게 예쁜 꽃이 되면 좋겠다." 홀씨는 잠이 들었어요. 그리고 며칠 뒤 몸이 쑤욱 부푸는 것 같더니 버섯이 되었어요. 버섯을 보고 꽃이 말했어요. "넌 누구니? 왜 이렇게 뚱뚱하고 못생겼니? 나처럼 예쁜 색도 아니고." 예쁜 꽃이 뽐내며 말했어요. 버섯은 풀이 죽었어요. "아, 난 못생겼구나." 그때 토끼 한 마리가 다가와 버섯을 보며 말했어요. "이건 뭐지? 먹는 건가? 아, 맛도 없네. 퉤퉤." 버섯은 괜스레 슬퍼졌어요. "난 못생기고, 맛도 없구나. 참 쓸모가 없구나." 그러던 어느 날 동물들이 모여 이야기를 나누고 있었어요.		㉳ 동화 속 등장인물 그림 카드

도입 (5') 대집단 활동	"킁킁. 이게 무슨 냄새지?" 동물들은 더러워진 숲을 보며 말했어요. "숲이 왜 이렇게 더러워졌을까? 숲을 깨끗이 하려면 어떻게 해야 할까?" "숲을 청소해야 하는데 누가 좀 도와줬으면 좋겠어." 그때 버섯이 수줍게 손을 들었어요. "얘들아, 내가 도와줄게." 버섯은 나뭇잎, 죽은 동물, 죽은 나무들을 먹고 분해해서 숲을 깨끗하게 만들어 주었어요.	㉻ 동화 속 등장인물 그림 카드
전개 (20')	• 버섯에 대하여 이야기를 나눈다. • 숲에 가 본 적이 있나요? • 숲에는 무엇이 살고 있을까요? • 숲에서 버섯을 본 적이 있나요? • 숲을 깨끗이 하는 친구는 누구였나요?	㉻ 다양한 모양의 과자, 도마, 비닐 등 다양한 꾸미기 재료
개별 활동 및 대집단 활동 (5')	• 버섯 숲을 꾸며 본다. • 숲을 깨끗이 해 주는 숲속 청소부가 있는 숲을 부모님과 꾸며 본다. • 버섯 숲 꾸미기 순서를 소개한다. ① 내가 꾸미고 싶은 버섯 숲을 생각해 본다. ② 다양한 재료를 이용하여 숲을 꾸민다. ③ 버섯 숲 이름을 짓는다. • 버섯 숲을 함께 꾸미며 부모님과 질문하고 이야기 나눈다. • 처음에는 부모님이 질문하고, 아이가 답을 한다. 같은 질문을 아이가 질문하고 부모님이 답하며 서로의 생각을 공유한다. 질문1) 버섯 숲을 어떻게 꾸미고 싶어? 질문2) 이 버섯 숲에는 또 누가 살고 있을까? 질문3) 버섯 숲 이름은 무엇일까? 질문4) 나누고 싶은 질문으로 이야기를 나눈다.	◆재료를 골고루 활용하여 꾸미기를 할 수 있도록 한다.

개별 활동 및 대집단 활동 (5')	• 활동을 마무리한 후 자신의 작품을 친구들에게 소개한다. • 만든 작품을 부모님이 사진을 찍어 교사에게 보낸다. (패들렛 이용) • 보낸 사진을 함께 보며 작품을 소개한다.	◆아이가 쉽게 할 수 있도록 미리 재료를 준비한다.
평가	평가 내용	사후 지도 계획
	1. 버섯이 숲의 청소부 역할을 하는 것을 아는가? 2. 다양한 재료를 이용하여 즐겁게 버섯 숲을 꾸미는가? 3. 궁금한 것을 질문하고 자신의 생각, 경험, 느낌을 말할 수 있는가?	• 확장 활동 - 버섯 찾기 - 활동

감정 색 화분을 만들어요

1. 활동 선정 이유

혼합색에 관심을 보이며 아이들은 혼합색 놀이에 열중하였습니다. 다양한 색을 만들고, 만든 색으로 그림을 그리며 색 놀이에 흠뻑 빠졌습니다. "색으로 감정을 나타낼 수 있을까요?"라는 교사의 질문 후 이야기를 나누고 그림책 『컬러 몬스터』를 소개하였습니다. 다양한 감정에 대한 이야기를 나누고 싶어 선정했습니다.

2. 공개수업안

날짜	○월 ○일	놀이 주제	색
대상	○세	활동명	감정 색 화분을 만들어요.
활동 목표	1. 다양한 감정을 알아본다. 2. 다양한 자신의 감정을 색모래로 표현하고 감정 화분을 꾸며 본다. 3. 다양한 자신의 감정을 표현할 수 있다.		
수업 자료	컬러 몬스터 막대인형, 색모래(빨, 파, 노, 초, 검, 분), 화분, 이오난사, 퀴즈앤 주소		
단계	교수·학습 과정		자료(㉛) 및 유의점(◆)
도입 (5') 대집단 활동	• 『컬러 몬스터』 그림책을 보며 회상한다. • 컬러 몬스터 막대인형을 들고 이야기한다. "얘들아, 안녕~. 나 컬러 몬스터야. 지금 내 마음이 뒤죽박죽 섞여 버렸어. 내 마음을 정리해 줘야 하는데 친구들이 좀 도와줄 수 있겠니? 내 감정은 어떤 색들이 있었니?" - 노랑, 빨강, 파랑, 검정, 초록, 분홍. - 빨간색은 어떤 감정이었나요? - 파란색은 어떤 감정이었나요? - 노란색은 어떤 감정이었나요? - 초록색은 어떤 감정이었나요? - 분홍색은 어떤 감정이었나요? - 감정이 섞이지 않으려면 어떻게 해야 할까요?		㉛ 컬러 몬스터 막대인형
전개 (20') 대집단 활동 및 개별 활동	• 자신의 감정 화분을 만들어 본다. • 감정 화분을 만드는 방법을 소개한다. ① 빈 화분을 내 마음이라고 생각한다. ② 나의 마음속에 떠오르는 감정 색의 모래부터 화분에 차곡차곡 담는다. 감정의 크기에 따라 모래 양을 조절한다. 이때 감정의 색이 섞이지 않도록 조심해서 넣는다.		㉛ 빈 화분, 색모래, 이오난사

전개 (20') 대집단 활동 및 개별 활동	③ 감정의 색모래를 넣을 때 부모님과 아이가 서로 감정에 대해 이야기를 나눈다. ④ 색 모래를 차례대로 화분의 반 정도만 채운다. ⑤ 색 모래를 채운 후 이오난사를 위에 올려놓는다. • 자신의 감정 화분을 직접 만들며 부모님과 이야기를 나눈다. 질문 1) 너의 마음속에 어떤 감정 색이 제일 많은 것 같아? 그럼, 너는 언제 그런 감정을 느껴? 질문 2) 화분에 색모래를 담으면서 각 색의 감정을 언제 느꼈는지 서로 이야기 나눈다. 질문 3) 너의 감정을 6가지 외 다른 색으로 표현한다면, 무슨 색으로 표현할 수 있을까? 그 색은 어떤 감정이야?	◈ 감정의 이야기를 할 때 공감해 주고, 경청할 수 있도록 지도한다. ◈ 아이가 이야기하기 어려울 때는 부모님이 모델링이 되어 준다.
정리 (5') 대집단 활동	• 자신이 만든 감정 화분을 사진을 찍어 퀴즈앤에 올려 공유한다. • 만든 감정 화분을 학부모 또는 교사가 사진을 찍어 퀴즈앤 게시판에 올린다. • TV 화면을 통해 서로 사진을 찍은 것을 볼 수 있도록 한다. • 함께 사진을 보며 친구들과 감정 화분에 대해 이야기 나눈다. • 감정 화분을 만들어 본 느낌이 어땠나요? • 자신의 감정 화분을 소개해 줄 친구가 있나요? • 나의 마음속에는 어떤 감정이 제일 많나요? • 그런 마음이 들 때는 어떻게 했어요?	◈ 퀴즈앤 주소를 공지한다.
	평가 내용	사후 지도 계획
평가	1. 자신의 다양한 감정이 있는 것을 이해하는가? 2. 감정의 색을 이용하여 감정 화분을 만들 수 있는가? 3. 자신의 감정을 말로 표현하는가?	◈ 확장 활동 - 감정책 만들기 등

가정과 함께하는 질문 놀이

OECD에서는 유치원 또는 어린이집을 다니는 만 5세를 대상으로 한 최초의 국제 대규모 「OECD 국제 조기 학습 및 아동 웰빙 연구(International Early Learing and Child Well-being Study, IELS)」를 실시하였습니다. 이 연구는 유아기의 경험이 전인적 성장 및 학업 성취, 건강, 사회적 성공 등 인생 전반에 미치는 영향에 대해 국가별로 비교·분석한 연구입니다. 이 연구에서는 아이들의 신체운동, 생애 학습, 자기조절, 사회정서와 같은 4가지 핵심역량을 측정하였습니다. 그 결과 책을 읽어 주거나 자주 대화를 나누는 등 부모와 함께하는 일상 활동이 아이의 초기 발달에 긍정적인 영향을 주고, 자녀의 학업 성취 및 전인 발달과 높은 상관관계가 있음을 확인하였습니다. 특히 일주일에 책을 읽는 날이 많은 아이일수록 문해력, 사회정서적 기술과 상관관계가 있었습니다.

이 연구를 통해 부모와 책 읽는 시간, 대화 나누는 시간, 즉 부모와 아이가 함께하는 질문 놀이가 문해력은 물론 전인 발달에 큰 영향을 준다는 것을 알 수 있습니다. 질문 놀이는 부모와 함께하는 독서뿐만 아니라 시간, 장소, 공간에 상관없이 언제, 어디서든 할 수 있다는 장점이 있습니다. 그러나 부모들은 질문 놀이가 낯설고 방법을 몰라 어렵습니다. 이에 질문 놀이 방법을 안내하고, 가정과 연계하는 것이 필요합니다.

효과적인 가정 이음 질문 놀이를 위해서는 먼저 부모에게 질문 놀이의 중요성과 방법에 대해 안내하는 것이 필요합니다. 부모와 아이가 함께 할 수 있는 질문 놀이를 활동지 형태로 소개할 수 있습니다.

  이를 통해 아이의 의사소통 능력, 사고력, 문제해결력, 사회성, 정서적 안정감이 형성됩니다. 또, 부모와 자녀 간의 친밀한 관계가 형성되고, 가족 구성원 간 서로에 대한 이해가 증진됩니다. 자녀와의 긴밀한 소통과 친밀감 형성으로 인하여 부모 또한 양육 효능감이 증가될 수 있습니다.

가정통신문(예시)

● **질문 놀이의 교육적 효과는?**

1. 정서적 유대감 형성
   부모와 함께 마주 보고 질문하고 대화를 나누는 시간을 통해 깊은 정서적 유대감을 형성할 수 있어요.
2. 주도성 향상
   궁금한 것을 질문하고, 스스로 답을 찾아보고 생각하는 과정에서 주도성이 키워지고, 이는 자기주도학습 능력으로 이어집니다.
3. 문해력 등 의사소통 능력 향상
   부모와 자녀 간 소통이 활발해지고, 책, 그림, 디지털 등 다양한 매체를 함께 보고 질문하고 대화를 나누는 과정에서 문해력과 의사소통 능력이 향상됩니다.
4. 미래 핵심역량 증진
   질문하고 대화를 나누며 모르는 것을 알아보고, 문제를 해결하며 탐구하는 과정에서 자기관리 역량, 지식정보처리 역량, 창의적 사고 역량, 심미적 감성 역량, 협력적 의사소통 역량, 공동체 역량 등 핵심역량을 기를 수 있습니다.

● **효과적인 질문 놀이의 팁은?**

1. 놀이의 주체는 부모와 자녀 공동이므로 함께 질문하고, 대화할 수 있도록 해 주세요.
2. 정답을 강요하기보다 아이가 자유롭게 생각하고, 자신의 생각과 경험, 느낌 등을 자연스럽게 이야기할 수 있도록 해 주세요. 이때, 아이의 어떤 이야기라도 수긍하고 귀 기울여 들어주는 것이 중요해요.
3. 아이가 질문에 고민하고, 생각할 수 있는 충분한 시간을 주시고, 아이의 이야기가 엉뚱하더라도 귀 기울여서 들어주세요.
4. 아이가 질문이나 대답을 어려워하면 부모님이 먼저 시범을 보여 모델링이 되어 주세요.

그림책 질문 놀이

• 그림책 제목:

(* 글씨를 모르는 아이는 부모님이 도와주세요! 아이와 함께 이야기 나눈 질문에 표시하세요.)

떠오르는 질문	질문	나눔 질문
책 속의 질문		
생각 속의 질문		
마음속의 질문		

• 나누고 싶은 질문에 동그라미 하세요.

• 나눔 질문으로 서로의 생각을 나누며 대화해 보세요.

예시) 부모 : 나눔 질문하기

아이 : 나는 ~ 생각해. (생각 나누기)

부모 : 왜 그렇게 생각해? (꼬리 질문)

아이 : 왜냐하면 ~ . (근거 제시해 보기)

부모 : 아, 너는 ~~ 생각하는구나. (아이의 생각 반영하기)

부모 : 아이의 대답에 관련 꼬리 질문하기

아이 : 대답하기

학부모와 함께하는 힐링 수다

　부모는 아이들의 성장과 발달에 중요한 역할을 하는 존재입니다. 대부분의 부모는 별도의 교육을 받지 않고, 자라온 환경이나 부모에게 배운 방식에 의존하며 부모 역할을 하기 때문에 혼란을 느끼는 경우가 많습니다. 또한, 핵가족화와 맞벌이가정의 증가로 인한 돌봄의 공백, 경제적 부담감, 양육에 대한 심리적 부담감 등 다양한 사유로 부모들은 양육에 대한 부담감과 스트레스를 느낍니다. 특히나 요즘은 영아기부터 어린이집에서 생활하다 보니 부모와 충분히 소통하고 친밀감을 쌓는 시간이 부족합니다. 그러다 보니 세대 간 가치관, 소통 방식의 차이 등으로 인해 부모 역할을 올바르게 인식하거나 수행하는 데 더욱 어려움을 겪습니다. 아이의 건강한 성장과 발달을 지원하기 위해서는 부모가 자신의 역할을 효과적으로 수행하고, 자녀와의 정서적 애착 형성으로 긍정적인 부모-자녀 관계를 만들어 가는 것이 중요합니다.

　세이브더칠드런이 실시한 「2024년 부모교육 인식 및 경험조사 결과」를 보면 우리나라 성인 10명 가운데 7명은 자녀를 책임 있게 양육하는 데 지원하는 '부모교육'에 참여한 경험이 없는 것으로 조사됐습니다. 또한, 응답자의 97.5%는 부모교육의 필요성에 공감한다고 답했고, 응답자의 96.1%가 향후 부모교육에 참여할 의향이 있다고 답했습니다. 필요하다고 생각하는 부모교육의 분야는 '긍정적 훈육 방식 등 양육 방식에 대한 교육'이 77.8%, '부모의 역할과 자세 숙지'가 60.1%, '아동의 발달단계에 대한 이해'가 50.9% 순으로 조사되었습니다. 이 결과를 보면 대부분의 부모가 부모교육에 대한 관심과 필요성을 느끼고 있다는 것을 알 수 있습니다.

부모교육은 부모와 자녀가 함께 건강하게 성장할 수 있도록 도와줍니다. 이는 자녀와 부모의 관계를 바르게 이해하고, 부모의 올바른 역할을 인식하여 가족 전체의 행복을 증진할 수 있습니다. 특히 유아교육기관에서의 부모교육은 매우 중요합니다. 유아기는 신체, 건강, 사회, 언어, 탐구, 예술 측면에서 발달이 활발히 이루어지고, 인간의 성장과 발달에도 중요한 시기이기 때문입니다. 특히 유아교육기관에서는 아이들의 발달 특성과 흥미에 따른 놀이가 중요한데, 부모가 이에 대한 이해도가 낮으면 특성화 활동, 학습 등을 무리하게 요구하는 일이 발생할 수 있습니다. 따라서 부모교육을 통해 놀이에 대한 올바른 인식과 기관의 방침, 방향 등을 이해시킴으로써 협력적 관계를 유지하고, 보다 효과적으로 아이의 성장을 지원하는 것이 필요합니다.

부모교육 방식과 프로그램은 다양하지만, 일방적인 강의 형태보다는 워크숍 형태의 질문 놀이를 추천합니다. 시대의 필요에 따른 질문의 중요성을 알고, 존중의 언어인 질문을 통해 아이의 주도성을 키워 줄 수 있기 때문입니다. 뿐만 아니라 질문을 통해 서로 의견을 나누는 과정은 깊은 성찰의 시간이 됩니다. 이는 부모 이전의 나를 이해하고, 나에 대한 이해를 바탕으로 자녀를 이해하며 보다 깊이 있게 부모의 역할을 고민하는 기회를 줍니다. 필자는 다양한 그림책을 가지고 아이의 존재 인식, 놀이의 이해, 부모의 자아 인식, 가족, 자존감, NVC, 욕구코칭 등 다양한 주제로 부모교육을 실시하였습니다.

- 1년에 2~3회, 회당 20명 이하로 학부모 신청을 받아 진행하였다.
- 아이, 놀이, 자존감, 부모의 역할, 또래 친구 등 다양한 주제의 그림책을 이용하였다.
- 강의식보다는 질문을 통해 함께 나누고, 공감하고 격려하는 시간이 되도록 하였다.

그림책을 읽고 떠오르는 질문에 대한 의견을 나누는 동안 미처 깨닫지 못했던 자신의 모습을 발견하기도 하고, 다른 사람의 이야기를 통해 나를 되돌아보기도 하며 한 개인으로서, 부모로서 함께 성장하는 시간을 가졌습니다.

부모님과 함께 이야기를 나누는 시간은 교사와 부모가 아닌 똑같은 인격체로서 서로의 생각을 나누고, 서로 공감하는 시간입니다. 함께 웃으며, 또 때론 눈물을 흘리며 나누는 대화는 한 개인의 이야기가 아닌 나의 이야기가 될 수도, 또 누군가의 이야기가 될 수도 있습니다.

질문하고 대화하며 서로에게 건네는 따뜻한 격려와 공감은 교육공동체를 더욱 견고하게 만들어 줍니다. 학부모와의 질문 놀이, 힐링 수다를 추천하는 이유입니다.

"땅에 떨어진 비는 어떻게 될까요?"라는 질문으로 함께 이야기를 나누고 놀이해 보았습니다.

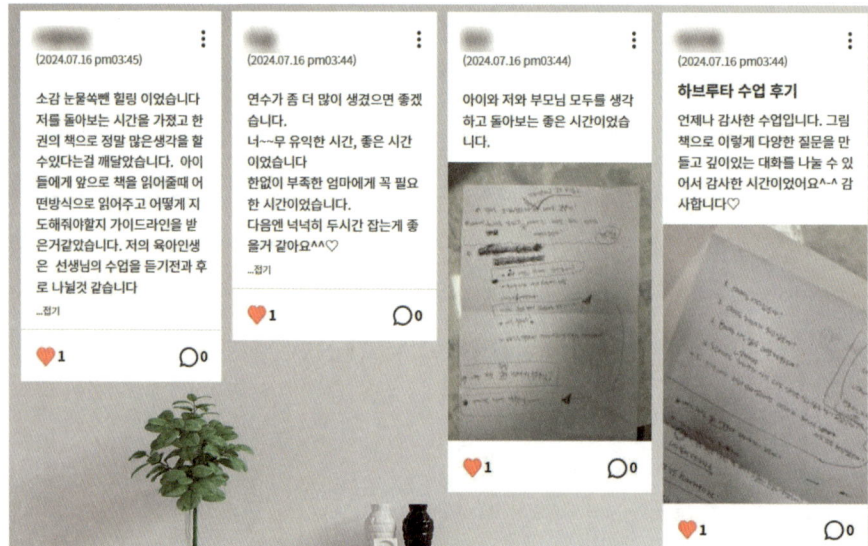

• 참고문헌 •

- 2019 개정 누리과정 해설서
- 2019 개정 누리과정 놀이 실행 자료
- 전성수(2014). 최고의 공부법: 유대인 하브루타의 비밀. 경향비피
- 전성수, 양동일(2014). 질문하는 공부법, 하브루타. 라이온북스
- 김현섭(2015). 질문이 살아있는 수업. 수업디자인연구소
- 인발 아리엘리(2020). 후츠파: 창조와 혁신은 어디서 만들어지는가. 김한슬기 역. 안드로메디안
- 모헤브 코스탄디(2019). 신경가소성: 일생에 걸쳐 변하는 뇌와 신경계의 능력. 조은영 역. 김영사
- 이정동(2022). 최초의 질문: 기술 선진국의 조건. 민음사
- 이진숙(2017). 하브루타 질문 놀이. 경향비피
- 유순덕(2018). 하브루타 창의력 수업. 리스컴
- 양경윤(2016). 교실이 살아 있는 수업. 즐거운학교
- 최재붕(2024). AI 사피엔스: 전혀 다른 세상의 인류. 쌤앤파커스
- 김연희 외(2023). 알수록 재미있는 교실 속 디지털 놀이. 교육과실천
- 임부연, 정낙림 외(2020). 미래학교를 위한 놀이와 교육. 교육과학사
- 마르그 셀러(2018). 어린이 교육과정 되기. 손유진 외 역. 창지사
- 김재춘, 배지현(2016). 들뢰즈와 교육: 차이생성의 교육론. 학이시습
- 리세롯 마리엣 올슨(2017). 들뢰즈와 가타리를 통해 유아교육 읽기. 이연선 외 역. 살림터
- 유아교육디자인연구소(2021). 놀이의 의미 읽기. 맘에드림
- 김현섭, 김성경(2018). 욕구 코칭: 아이들과 욕구로 통하다. 수업디자인연구소

- 김은아, 변길희, 심성경(2014). 명화 감상에 기초한 스토리텔링 중심 예술교육활동이 유아의 그림감상능력과 창의성에 미치는 영향. 한국생활과학회
- 고인옥(2002). 사회적 갈등 상황에서 유아들의 갈등해결 전략과 교사의 역할. 유아교육학논집 6권 1호. 한국영유아교원교육학회
- 박상준(2021). 코로나 이후 미래교육. 교육과학사
- 임은미, 유세경, 김하늘, 이주은(2024). 놀이로 여는 유아 디지털 교육 바로 알기. 창지사
- OECD(2018). OECD 교육 2030: 미래교육과 역량
- 경기도교육청(2024). 유아 2024, 철학함으로 교육과정을 넘나들다. 2024 유치원 자율장학 지원 자료.
- KBS 공부하는 인간 제작팀(2013). 공부하는 인간. 예담
- EBS 학교란 무엇인가 제작팀(2011). 학교란 무엇인가 1,2. 중앙북스
- EBS(2014). EBS 다큐프라임왜 우리는 대학을 가는가
- KBS(2023). 50주년 신년기획-최초의 질문
- KBS(2009). KBS 세계탐구기획-유태인
- EBS(2021~2023). 위대한 수업, 그레이트 마인즈
- EBS(2017). 미래강연Q-탈무드와 하브루타
- EBS(2017). 미래강연Q-세상을 바꾸는 위대한 질문을 하라
- tvN(2020). tvN Shift 2020-질문으로 자라는 아이 우리 아이
- 최연구(2023). ChatGPT와 질문하는 교육. 행복한 교육 2023년 4월호
- 박신홍(2018). 순천 '기적의 놀이터'엔 아이들이 다쳐 멍들 권리가 있다. 중앙SUNDAY(2018년 5월 5일자)

• 교육과실천이 출판한 유아 교육서 •

그림책 한글 놀이

홍진선 지음

한글을 즐겁게 익히는 가장 강력한 도구라고 할 수 있는 '그림책'과 '놀이'를 이 한 권에 함께 담았다. 이 책에 실린 50권의 흥미로운 그림책과 91개의 다양한 놀이를 통해 아이들은 재미있게 한글이랑 만나고, 놀고, 친해지고, 이야기 나눌 수 있다.

그림책 놀이 학급운영

홍표선, 김진희, 이은주, 이현주, 강상주, 변미정, 이선아, 이미영, 장현아, 이여빈, 배지은 지음

그림책은 시대와 공간을 초월하고, 상상과 현실의 경계를 넘어서 무한 경험을 가능하게 만드는 매체다. 아이들은 그림책 세상을 유영하며 자신을 돌아보고 나와 다른 상대의 입장을 헤아리며, 옳고 그름에 관해 생각하는 기회를 가진다. 아이들이 좋아하는 그림책을 함께 읽고 놀이에 활용하면 한층 자연스럽고 즐거운 배움이 일어나는 학급을 운영할 수 있다.

놀이중심 교육과정 119

정유진, 정나라 지음

현장에서 유아들과 함께 생활하는 두 선생님의 생생한 경험이 담긴 일화를 수록함으로써 놀이에 대한 이론과 실제를 함께 다룬다. 또한 유아와 교사의 관점만이 아니라 학부모의 입장에서 유아·놀이중심 교육과정에 대한 이해를 돕도록 생생한 사례들을 담고 있다.

알기 쉬운 민원 대응과 교권 회복으로 살아남기 77

김연희, 이정희, 김학선 지음

'교육 활동 보호'를 위한 법과 제도에 대해 얼마나 제대로 알고 계시나요? '77가지의 교육 활동 침해 사례와 대응법'으로 알기 쉽게 민원에 대응하고 법과 제도로 유치원, 어린이집 교사를 보호하는 단 한 권의 책!

그림책 놀이 82

성은숙, 이미영, 이은주, 한혜전, 홍표선 지음

상상놀이에서 인성놀이, 자연놀이, 문제해결놀이까지 그림책을 읽고, 아이들과 함께 쉽고 재미있게 할 수 있는 다양한 놀이를 소개한다.

유치원 교실 놀이 100

김연희, 양효숙, 이경미 지음

개정 누리과정의 유아중심, 놀이중심 교육과정을 기반으로 실제 유치원 현장에서 할 수 있는 5개 영역의 100가지 놀이를 소개한다. 동화 100개, 동요 100곡, 반주 100곡의 QR코드를 제공하여 현장에서 쉽게 사용할 수 있도록 했다.